Jochen Heinke

Neue
Radwandertouren
in der Rhön

Einfach und schön

AF286125

Jochen Heinke

Neue
Radwandertouren
in der Rhön

Einfach und schön

parzellers
BUCHVERLAG

Seit mehr als 15 Jahren lebt **Jochen Heinke** in der Fränkischen Rhön und befasst sich dort mit den verschiedenen Spielarten des Fahrradtourismus. Vor gut 10 Jahren setzte er sich dafür ein, dass Mountainbiker ihre Freizeitbetätigung in der Rhön rechtssicher auf markierten Wegen ausüben können und entwickelte zusammen mit dem Naturpark Bayerische Rhön das Rhöner Mountainbike-Netz. Danach widmete sich der Radverkehrsbeauftragte des Landkreises Rhön-Grabfeld dem Fahrradtourismus und plante ein fahrradtouristisches Radroutennetz, das mittlerweile auf mehr als 6000 km fast ganz Unterfranken und den Landkreis Fulda umfasst. Im Rahmen seines Qualitätsmanagements betreut er Radfernwege (u.a. den Mainradweg) und entwickelte fahrradtouristische Rundrouten im Spessart und der Rhön. Seit 2001 ist Heinke Autor verschiedener Fahrrad- und Mountainbikebücher.

Weitere lieferbare Titel von Jochen Heinke in unserem Verlagsprogramm:
• Mit dem Fahrrad wandern in der Rhön
• Mit Fahrrad und Gepäck vom Main zur Rhön (2007)
• Die schönsten Mountainbiketouren in der Rhön (2008)

Für den Zustand der Wege auf der beschriebenen Route kann ebenso keine Garantie übernommen werden wie für die Vollständigkeit der Wegweisung.

ISBN 978-3-7900-0438-0
© 2011 by Parzellers Buchverlag, Fulda
Texte, Fotos, Übersichtskarten: Jochen Heinke
Layout: Peter Link, Parzellers Buchverlag
Gesamtherstellung: Druckerei Rindt, Fulda
Alle Rechte vorbehalten · Printed in Germany

Inhaltsverzeichnis

Informationen zum Radwandernetz in der Region 9

Radwanderliteratur, Karten und Links 11

Informationen im Internet 12

Service rund ums Fahrrad. 12

Das Fahrrad mit dem eingebauten Rückenwind 13

Wo man früher mit der Eisenbahn durch die Rhön fahren konnte 16

Wo einst die Bahn fuhr – rollen heute Fahrräder 18

    Erste Tour: Auf dem Milseburgradweg zum Ulstertal 21

    Zweite Tour: Über die Rhön – vom Milseburgradweg zum
    Bahnradweg durch das Brendtal 29

    Dritte Tour: Bahnradeln in der Fränkischen Rhön 36

    Vierte Tour: Entlang der Fränkischen Saale
    nach Bad Königshofen im Grabfeld 39

    Fünfte Tour: Mit dem Fahrrad durch das Hessische Kegelspiel 46

    Sechste Tour: Mit dem Fahrrad und dem historischen
    Rhönzügle durch das Streutal. 57

„Easytours" in der Fränkischen Rhön 61

„Easytours"-Tourenbausteine 67

Radwandern historisch: Eine Radwanderkarte von 1901. 70

Immer nur abwärts (1) – auf dem Elstalradweg von der
Hohen Rhön zur Fränkischen Saale 73

Immer nur abwärts (2) – Abfahrt von Hessens höchstem Berg
nach Fulda 85

Durch das Fuldaer Land zur Haunequelle 92

Auf Spurensuche – Der Bildhäuser Haufen 98

Durch den Besengau zum Kloster Wechterswinkel. 106

Rhöner Weinradeltour im Tal der Fränkischen Saale. 113

Indian Summer in der Rhön 128

Radfernwege in der Rhön 143

Die Rhön kulinarisch 145

Gut Essen. 149

Gut Schlafen. 150

Liebe Radlerinnen und Radler,

auch in diesem meinem dritten Rhöner Radwanderbuch will ich die bei vielen Fahrradtouren durch die Rhön gewonnenen Eindrücke und Erlebnisse als Anregungen für schöne und nicht allzu schwere Fahrradtouren weitergeben. Und dabei auch ein wenig informieren über die Kultur, die Geschichte und die landschaftliche Vielfalt dieses Landes.

Denn auch dieser Radwanderführer wendet sich an Menschen, die sich in ihrer Freizeit gerne mit dem Fahrrad bewegen, aber auch etwas über die Landschaft, den geschichtlichen und heimatkundlichen Hintergrund und die Kultur der Rhön im weitesten Sinne „erfahren" möchten. Die Randlage an der innerdeutschen Grenze während der deutschen Teilung hinterließ auch hier ihre Spuren. Sie hatte aber auch ihr Gutes: denn weit entfernt von dem Bauboom in den Ballungsräumen behielten hier viele Ortschaften noch ihren alten Liebreiz.

Die beschriebenen Touren verlaufen – bis auf wenige Ausnahmen – auf für das Radfahren geeigneten Wirtschaftswegen und Radwegen. Auch wenn Sie ohne Radwanderkarte unterwegs sind, werden Sie nicht falsch fahren, denn das Roadbook führt Sie auf mit Ziel- und Entfernungsangaben beschilderten Radwegen durch die Rhön.

Radwegbeschilderung am Info-Punkt Ostheim

Seit dem Jahr 2000, dem Erscheinen meines ersten Fahrradbuches, hat sich im Bereich der Fahrradtechnik einiges geändert: Neben besseren Bremssystemen und umfangreicheren Schaltungssystemen ist der größte Fortschritt für manche sicherlich das Pedelec, das Fahrrad mit dem eingebauten Rückenwind. Dieser „Rückenwind" bringt Sie, wenn Sie möchten, sogar bis auf die höchsten Höhen der Rhön. Wenn das auch nicht für jeden sein muss, erleichtert doch der Besitz eines Pedelec manche der hier beschriebenen Touren. Und wer kein eigenes Pedelec hat und es einmal ausprobieren möchte: In der Rhön gibt es zahlreiche Ausleihstationen und zudem noch weitere Stationen, wo man den leeren Akku gegen einen vollen austauschen kann.

Viel Spaß beim Radeln und allzeit Luft in Ihren Reifen – und gegebenenfalls immer ausreichend Strom in Ihrem Akku – wünscht Ihnen

Ihr

Jochen Heinke

Informationen zum Radwandernetz in der Region

Kulisse dieses Radwanderbuches ist die Rhön mit ihren unterschiedlichen Landschaften, insbesondere dem Hessischen Kegelspiel im Nordwesten, der Hessischen Kuppenrhön im Fuldaer Rhönvorland, der Fränkischen Rhön und dem Grabfeld im Osten sowie der Südrhön zwischen Bad Brückenau und Hammelburg. Es ist eine sehr uneinheitliche Landschaft, hügelig im Vorland, gebirgig im Bereich der Hohen Rhön. Ein bisher kaum entdecktes Radlerparadies, in dem entlang der vielen kleinen Flüsschen gut ausgebaute Radwege verlaufen und die Routen bestens beschildert sind.

Zwischen Main und Werra, zwischen der Baunach vor den Toren Bambergs und dem Vogelsberg im Bereich des Landkreises Fulda entstand - ausgehend von Bayerns nördlichstem Landkreis Rhön-Grabfeld - ein grenzüberschreitendes Radwanderroutennetz, das einheitlich mit Wegweisern ausgestattet ist, die Ziel- und Entfernungsangaben enthalten und deren Zielangaben selbstverständlich nicht an den politischen Grenzen innehalten. Sie orientieren sich natürlich an den Bedürfnissen der Radler, denen auf ihrer Radtour die politischen Grenzen ziemlich egal sind, weil sie auf ihrer Fahrradroute eigentlich nur einen guten Orientierungsservice verlangen.

Dieses riesengroße Radroutennetz – in Unterfranken sind es rund 5800 km zuzüglich der Routen des Hessischen Landkreises Fulda mit rund 700 km – erlaubt es, sich beinahe ohne Karte darin zu bewegen, denn die Beschilderung besteht meist aus einem 25 - 40 km entfernten Fernziel und einem Nahziel, dem nächsten Ort. Und die Fernziele sind in der Regel die bekannten touristischen Orte in dem Gebiet.

Diese Art der Beschilderung erlaubt es, die Tourenbeschreibungen in tabellarischer Form im Roadbookformat abzufassen. In den Tabellen stehen links die Entfernungs- und ggf. Höhenangaben, in der rechten Spalte die notwendigen Angaben zur Route, meist von Wegweiser zu Wegweiser. Blau hinterlegt sind die Zeilen mit den Angaben zur Orientierung, grün die Angaben über die Orte an den Routen und ocker die Hintergrund- und geschichtlichen Informationen.

Der Vorteil der überwiegend „autofreien" Strecke wird durch den Nachteil erkauft, dass man jederzeit mit wege- und aktivitätsüblichen Gefahren wie Schlaglöchern und geschlossenen Schranken sowie Arbeiten auf und an den Wegen und mit Verschmutzung im Frühjahr und Herbst durch landwirtschaftliche Fahrzeuge rechnen muss. Auch die Fahrradwegweisung unterliegt unterschiedlichen Einflüssen: Manche Zeitgenossen stören sich an den Schildern und montieren sie ab, Pfosten werden durch landwirtschaftliche Großfahrzeuge umgelegt. Bitte nicht ärgern! Wenn Sie solches bemerken, melden Sie es einfach der nächsten Tourist-Info, damit schnell Abhilfe geschaffen werden kann.

Die nötigen Kenntnisse für solch ein Buch erwirbt man nicht in ein paar Wochen, sondern „erfährt" sie über mehrere Jahre. Trotzdem sind alle Angaben, insbesondere über die Routenverläufe, sorgfältig erhoben und 2010 aktualisiert worden. Auch die Kilometerangaben sind sorgfältig ermittelt worden, doch können sich durch die unterschiedlichen Tachos, aber auch durch nachträgliche Änderungen des Wegeverlaufs Differenzen ergeben.

Gemeinsam auf den Wegen

Radler, Fußgänger und nicht zuletzt die Landwirte und der Forst nutzen gemeinsame Wege. Selbstverständlich sollte man da schon Rücksicht aufeinander nehmen.

Fair miteinander umgehen

Freundlichkeit und gegenseitige Rücksichtnahme sind Voraussetzungen für den richtigen Umgang miteinander. Selbstverständlich hält man sich an gesetzliche Vorschriften und an die vor Ort gültigen Regelungen.

Dem Schwächeren Vortritt lassen

Auf den gemeinsamen Wegen gilt das Vorrecht des Schwächeren. Radler fahren immer langsam (mit angemessener Geschwindigkeit) und in ausreichendem Abstand an Fußgängern, Hunden und anderen Radlern vorbei. Wenn sich Kinder auf den Wegen befinden, gilt immer Schritttempo!

Zeichen geben

Freundliche Deutlichkeit hilft, Unfälle und Konflikte zu vermeiden. Nähert sich ein Radler einem Fußgänger möglicherweise unbemerkt, macht er durch einen freundlichen Gruß oder ein Klingelsignal auf sich aufmerksam. Man fährt erst vorbei, wenn Fußgänger zu verstehen geben, dass sie auf den Überholvorgang gefasst sind.

Mit dem Rad oder dem
Öffentlichen Personen Nahverkehr (ÖV) anreisen

Das Auto sollte, wo immer es möglich ist, zu Hause gelassen werden. Der Ausgangspunkt zur Radwander- oder Wandertour kann in vielen Fällen leicht auf zwei Rädern oder mit dem öffentlichen Personennahverkehr erreicht werden.

Radwanderliteratur, Karten und Links

• Fritsch Radwanderkarte Rhön 1: 50.000; ISBN 978-3-86116-2
• ADFC Regionalkarte Rhön Bielefelder Verlag 1:75.000; ISBN 978-3-87073-222-9
• Radwanderkarte Landkreis Haßberge
• Mit dem Fahrrad wandern in der Rhön; Parzellers Buchverlag Fulda;
  ISBN 978-3-7900-0360-4
• Mit Fahrrad und Gepäck vom Main zur Rhön; Parzellers Buchverlag Fulda;
  ISBN 978-3-7900-0393-2
Wenn Sie vor oder nach Ihrer Tour mehr über die Natur der Rhön erfahren möchten: Heimat Rhön – Naturhistorische Wanderbilder aus der Hohen Rhön; Lothar Meyer in Parzellers Buchverlag Fulda; ISBN 978-3-7900-0364-2

Informationen im Internet:

www.rhoen-active.de, www.rhoenline.de, www.rhoen.de

Service rund ums Fahrrad

Bad Brückenau: Fa. AZE, Kissinger Straße 43, Tel. 09741-4114; Fahrradmuseum, Staatsbad Brückenau am Radfernweg Rhön-Sinntal, Tel. 09741-93825-3

Bad Kissingen: Floth, Fahrräder und Zubehör, Groppstraße 9, Tel. 0971-68761; Quellenhof-Garage, Rosenstraße 13, Tel. 0971-2825

Bad Königshofen: Fa. Burger

Bad Neustadt: Radhaus Raab, Saalestraße 19, 97616 Bad Neustadt, Tel. 09771-2570; Wolf Bike & Play, Saalestraße 24, 97616 Bad Neustadt, Tel. 09771-2213

Bad Salzungen: Fahrradhaus Kompe, Kaltenbronner Straße 65, Tel. 03695-603121; Fahrradhaus Lange, Bahnhofstraße 7, Tel. 03695-628191

Bischofsheim/Rhön: Radsport Reder, Haselbach, Tel. 09772-1423; Sport Walter, 97653 Bischofsheim a.d. Rhön-Haselbach, Tel. 09772-7133

Fulda: Fahr Rad Laden Nau, Horaser Weg 79, 36039 Fulda, Tel. 0661-928820

Hammelburg: Heikos Radschuppen, Ziegelhütte 2, Tel. 09732-780810; Bikeschmiede, Kissinger Straße 8, Tel. 09732- 785651

Hilders: Fahrradreparatur und -verleih Fa. Spiegel, Bahnhofstraße 10, Tel. 06681-8372

Motten-Kothen: Klein – Der Fahrradladen, Veyegasse, Tel. 09748-1285, Handy: 0179-2404747

Oberelsbach: Fa. Lörzer, 97656 Oberelsbach-OT Ginolfs, Tel. 09774-357

Ostheim v. d. Rhön: Fa. Hodermann, Auf der Bündt 6, Tel. 09777-1577

Das Fahrrad mit dem eingebauten Rückenwind

Seit wenigen Jahren sind sie auf dem Markt und schon zählen sie zu der Fahrradgattung, deren Verkaufszahlen am schnellsten wachsen. Oft hört man Scherzes halber den Satz: „Mein Fahrrad hat zwar viel Geld gekostet, aber treten muss ich noch immer." Das Pedelec oder E-Bike löst zwar auch dieses „Problem" nicht, erleichtert jedoch das Fahrradfahren erheblich. Ehepaare,

Freunde, Radlergruppen, alle gehen sie gemeinsam auf Tour. Doch ob sie alle gleichzeitig und frohgemut ankommen, steht meist „in den Sternen". Denn die Tour macht nur dann so richtig Spaß, wenn alle auch ungefähr den gleichen Konditionsstand haben. So, dass man die vereinbarten Strecken auch gemeinsam fahren kann, ohne dass sich die Einen gehetzt fühlen, die Anderen hingegen sich langweilen, weil sie ständig warten müssen oder „fast vom Fahrrad fallen", weil es ihrer Meinung nach so langsam voran geht. Ein Pedelec oder E-Bike kann hier entscheidend helfen, die konditionellen Unterschiede auszugleichen.

Auch Touren in den Mittelgebirgen oder Alpen sind jetzt fast für jeden möglich: Wo man früher hätte schieben müssen, fährt man heute mit Elektrounterstützung bequem bergauf. Wo man in der Rhön früher nur mit dem Hochrhönbus oder dem Rhönradbus hinauf kam, schafft man es heute auch mit eigener Kraft und nimmt dabei halt eine kleine Unterstützung zu Hilfe.

Die gebräuchlichen Bezeichnungen für die Fahrräder mit Unterstützung durch einen Elektromotor lauten E-Bike und Pedelec. Der Ausdruck Pedelec wird seit etwa Ende der 1990er Jahre für ein Fahrrad mit Trethilfe durch einen Elektro-Hilfsmotor verwandt. Der durch einen Akku betriebene Elektromotor gibt seine Leistung zur Tretkraft des Fahrers hinzu, bietet also eine Tretunterstützung. Er schaltet sich ab, wenn nicht getreten wird oder wenn eine bestimmte Geschwindigkeit erreicht ist. Anders das Elektrofahrrad, das ausschließlich mit einem Motor arbeitet und für das man einen Führerschein benötigt. Fahrräder mit einem elektrischen Hilfsantrieb mit einer Leistung bis max. 250 Watt sowie einer Höchstgeschwindigkeit mit Motor-Unterstützung bis 25 km/h brauchen keine Betriebserlaubnis. Sie werden behandelt wie normale Fahrräder, man braucht also keinen Führerschein und Versicherungsnachweis und es besteht auch keine Helmpflicht. Der Antrieb muss allerdings automatisch abgeschaltet werden, wenn die Geschwindigkeit von 25 km/h erreicht wird.

Die Reichweite eines E-Bikes

Realistisch sind Reichweiten von 40-80 Kilometern mit einer Akkuladung. Doch wie viele Kilometer lang der Akku seine Unterstützung tatsächlich gibt, liegt im Ermessen des Fahrers. Nutzt man ihn oft, ist er bald leer, nutzt man ihn sparsam, hält er länger. Die Intensität des Nutzens hängt allerdings sowohl von der Kondition der Radler als auch vom Gelände ab.

Wissenswertes rund um den Antrieb

Ein E-Bike benötigt zusätzlich zur normalen Fahrradausstattung weitere Komponenten: den Elektromotor, den Akkumulator, den Sensor für die Erkennung der Kurbelbewegung sowie die Steuerelektronik für den Motor. Der Motor kann als Nabenmotor im Vorder- oder Hinterrad sowie als Kurbelwellenmotor am Tretlager eingebaut sein. Vorderrad-Nabenmotoren werden meist dann eingesetzt, wenn das Fahrrad konstruktiv nicht verändert werden soll. So kann auch ein normales Rad relativ leicht in ein Pedelec verwandelt werden. Ein Vorderrad-Nabenmotor beeinflusst jedoch das Lenkverhalten, aber auch andere Fahreigenschaften negativ.

Der Hinterrad-Nabenantrieb soll ein sportliches Fahrgefühl liefern. Der Nachteil: Er kann bislang nicht mit einer Nabenschaltung kombiniert werden. Der Akku wird beim Hinterradantrieb meist am Gepäckträger angebracht.

Der an der Tretkurbel ansetzende Mittelmotor ermöglicht zwar eine optimale Gewichtsverteilung und eine Vielfalt an Möglichkeiten, Motor und Akku optisch ansprechend im Rahmen zu integrieren. Doch werden dabei die Verschleißteile des Antriebes – Ritzel und Kette – stärker belastet als bei den beiden anderen Antriebsarten.

Der Akkumulator soll leistungsfähig, langlebig und leicht sein. Aufgrund ihrer günstigen Eigenschaften kommen heute meist Lithium-Ionen-Akkus zum Einsatz. Bei einem vergleichsweise geringeren Gewicht haben sie keinen Memoryeffekt, überstehen auch lange Radelpausen, ohne dass sie sich entladen, lassen sich rasch laden und halten ca. 500-1000 Ladezyklen.

Die Anschaffung und Unterhaltung eines Pedelecs

Neben den etwas höheren Anschaffungskosten für ein Pedelec kommen im Laufe der Zeit auch Unterhaltungskosten hinzu. Wenn auch der Stromverbrauch für eine Akkuladung kostenmäßig kaum ins Gewicht fällt, haben die Akkus doch nur eine begrenzte Lebensdauer und man muss damit rechnen, dass sie nach einer gewissen Zeit ausgewechselt werden müssen. Die Lebensdauer des Akkus wird von Herstellern meist mit 4-5 Jahren angegeben. Die Preise für Akkus liegen gegenwärtig etwa zwischen 200 und 900 Euro. Entscheidend für das erhoffte Fahrerlebnis ist jedoch, dass der Motor auch für die vorgesehene Anwendung ausgelegt ist. Man muss wissen, für welchen hauptsächlichen Einsatz man das Fahrrad anschaffen möchte, bevor man sich dann beim Kauf im Fachhandel auch entsprechend gut beraten lassen kann.

Mit dem Pedelec durch die Region Main-Rhön

Seit Mitte 2010 kann man sich in der Region Main-Rhön bei Übernachtungs-betrieben, Fahrradgeschäften und auch Tourist-Infos E-Bikes ausleihen. 21 Entleihstationen (Stand Oktober 2010) findet man in der Region. Damit man unbeschwert von Sorge um den Batteriestand die Landschaft genießen kann, wurde das Netz der Fahrradverleiher um ein weiteres ergänzt, wo man den leeren Akku gegen einen vollen austauschen kann. An diesem Netzwerk sind 6 weitere Gaststätten und Übernachtungsbetriebe beteiligt.

So können Sie die Genussseite des Radwanderns in der Rhön mit einem E-Bike erleben! Einen Flyer mit den Entleihstationen und den Akku-Wechselstationen halten die Tourist-Informationen und die beteiligten Betriebe für Sie bereit. Mehr darüber und eine Karte mit der Übersicht der Verleihstationen finden Sie unter www.rhoen.info/radsport-angebot/483-e-bike-verleihstationen.

Wo man früher mit der Eisenbahn durch die Rhön fahren konnte

(aus Schneiders Rhönführer, 10. illustrierte Auflage 1915)

Eisenbahnen umgeben das Rhöngebirge allseitig, die neueren Bahnlinien führen teilweise in das Vorgebirge, teilweise in das Herz des Gebirges hinein. Von Norden führen drei Schienenwege bis Bebra: die Thüringer Bahn führt den Reisenden aus Altpreußen und Sachsen, die Bebra-Göttinger Bahn aus Hamburg, Hannover, Braunschweig, die bergisch-märkische Bahn aus Westfalen usw. über Kassel dorthin. Von Bebra führt die Frankfurt-Bebraer Bahn über Hersfeld und Hünfeld nach Fulda; von Südwestdeutschland bringt dieselbe Bahn von Frankfurt aus die Reisenden über Hanau und Gelnhausen nach Schlüchtern, Elm und Fulda. Die Oberhessische Bahn führt aus der Rheinprovinz und Nassau kommende über Gießen nach Fulda.

Die Bayern reisen über Würzburg und Gemünden (Zweigbahn nach Hammelburg), von da über Jossa nach Brückenau und Wildflecken zum Fuß des Kreuzberges, oder über Elm nach Fulda, oder es bringt sie die Bahnlinie Schweinfurt-Meiningen nach Neustadt und Mellrichstadt, eine Zweigbahn von Schweinfurt (Ebenhausen) nach Kissingen; die Linie Kissingen-Hammelburg ist im Bau begriffen.

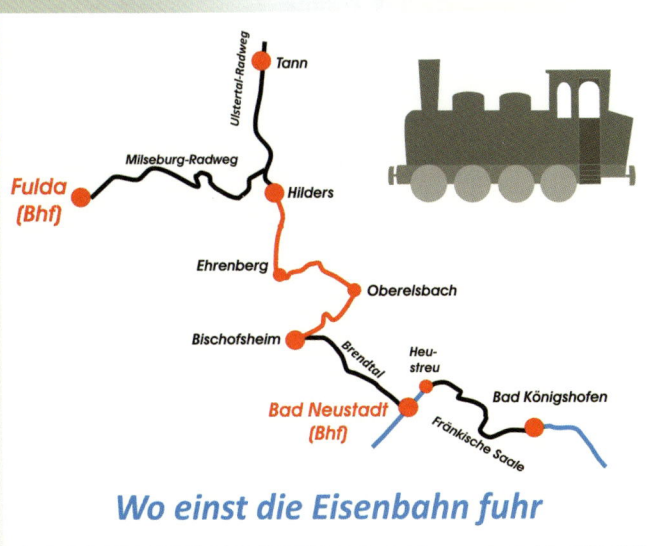

Wo einst die Eisenbahn fuhr

Die von Eisenach nach Koburg führende Werrabahn kann von Salzungen, Wernshausen, Wasungen, Meiningen und Ritschenhausen, hei zum Ausgangspunkt für Rhönreisen genommen werden: Reisende von Berlin und Dresden benutzen auch die Linie Erfurt-Ritschenhausen-Schweinfurt. Eine Bahn untergeordneter Bedeutung mit schmaler Spur wurde zuerst im Eisenacher Oberlande erbaut (Feldabahn), welche von Salzungen nach Vacha (jetzt normalspurig ausgebaut), Lengsfeld, Dermbach bis Kaltennordheim führt und meist der Landstraße folgt. Die normalspurige Bahn von Neustadt nach Bischofsheim wurde 1886 eröffnet, etwas früher die Linie Gemünden-Hammelburg. Von Preußen sind zwei Eisenbahnen untergeordneter Bedeutung mit normaler Spur erbaut worden, nämlich die Linie Fulda-Gersfeld (seit 1888), dann die Linie Fulda-Hilders-Tann (seit 1890), schließlich von Bayern die Linie Jossa-Brückenau-Wildflecken (1892 und 1909) und Mellrichstadt–Fladungen (1899). Neu erbaut sind die Bahnen Hünfeld-Vacha und Geisa-Gerstungen (1906) und die Teilstrecken Brückenau–Wildflecken und Tann-Geisa (1909). Genehmigt wurde 1912 die Strecke Hilders-Wüstensachsen und die Vorarbeiten für Mittelrhönbahn Fulda-Poppenhausen, ev. mit Anschluss nach Wüstensachsen.

Die Bäder Brückenau und Kissingen sind im Sommer durch einen großen Motor-Omnibus (für 24 Personen) verbunden, dessen Benutzung sehr zu empfehlen ist. Post- und neuerdings Kraftwagenverbindung ist an vielen Plätzen vorhanden, das Nähere darüber wird im speziellen Teile angeführt. Lohnfuhrwerke finden sich in den größeren Orten.

Wo einst die Bahn fuhr –
rollen heute Fahrräder

Bequem ist's, auf einer ehemaligen Bahntrasse mit dem Rad zu wandern. Denn da kann man sicher sein, dass die Steigungsprozente einen nicht überfordern. In der Rhön wurden, wie auch anderswo häufig, die meisten Nebenbahnlinien in den 1960er Jahren eingestellt. Die Bahntrassen verbuschten, die Brücken wurden marode. Nun sind sie fast alle wieder zum Leben erweckt worden: Als reizvolle Radwanderrouten, mit Hilfe derer man, wie beim Milseburgradweg, auch schon mal Höhen von 550 m überwinden kann. Interessant ist es, die ehemalige Bahnstreckenführung zu erleben, z. B. wie die Bahn auf kurzem Weg größere Höhenunterschiede überwinden konnte.

Alle Bahnradelrouten lassen sich einzeln als Tagestouren oder als Mehrtagestour zusammenhängend befahren. Die erste Tour beginnt bei Fulda und führt zunächst auf dem Milseburgradweg nach Hilders. Danach wechselweise auf Abschnitten der ehemaligen Bahnlinie und Wirtschaftswegen nach Wüstensachsen. Dort beginnt der ca. 6,5 km lange Anstieg in das Naturschutzgebiet Lange Rhön, das ca. 250 m höher liegt. Auf Abschnitten des Rhönradweges geht es in das Tal der Brend und dort auf der ehemaligen Bahntrasse nach Bad Neustadt. Am dortigen Info-Punkt für Radler beginnt die Bahnradelroute nach Bad Königshofen.

Wer jetzt nun noch nicht genug vom Bahnradeln hat, fährt weiter in das Baunachtal, wo die gleichnamige Radroute auch häufig auf der Trasse der alten Bahnlinie verläuft. In Ebern gibt es dann tatsächlich noch eine richtige Eisenbahn, mit der man nach Bamberg fahren kann.

Alles auf einen Blick

Ausgangspunkt	Hauptbahnhof Fulda
Streckenlänge	Ca. 113 km
minimale Höhe	251 m am Abzweig vom R 1 in Fulda
maximale Höhe	550 m Milseburgtunnel und 826 m auf der Hochrhönstraße
Kategorie	Mit Ausnahme des letzten Anstieges zur Hohen Rhön (250 Hm) leichte Tour.
Wege	Überwiegend asphaltierte, selten geschotterte Wirtschaftswege, vereinzelt verkehrsarme Nebenstraßen
Karten	Fritsch Radwanderkarte 1: 50.000 Naturpark Rhön; ADFC Regionalkarte Rhön 1: 75.000, Bielefelder Verlag
Einkehr unterwegs	In fast allen Orten unterwegs; im Bereich Hochrhön im Schweinfurter Haus, Thüringer Hütte, am Schwarzen Moor.
Übernachtung	Auflistung von Beherbergungsbetrieben auf der Startseite von www.rhoen-active.de und unter www.bettundbike.de
Wegweisung	weiß-grüne Schilder mit Ziel- und Entfernungsangaben (s.o.)
An- und Abreise	Mit der Bahn: Fulda Hauptbahnhof Mit dem Auto: A 7 (Kassel–Würzburg) Abfahrt Fulda Mitte
Tourist-Information	97616 Bad Neustadt, Spörleinstraße 11 Tel. 09771-94670 Email: tourist@rhoen-grabfeld.de

Das Ostportal des Milseburg-Tunnels

Erste Tour:
Auf dem Milseburgradweg zum Ulstertal

Auf einer Länge von 27 Kilometern verläuft der durchweg asphaltierte Radweg auf der ehemaligen Rhönbahntrasse zwischen Petersberg–Götzenhof über Hofbieber nach Hilders. Das absolute Highlight der Strecke ist neben der oft atemberaubend schönen Landschaft der 1.172 Meter lange, aus dem Jahre 1889 stammende „Milseburgtunnel". Der Tunnel ist tagsüber beleuchtet und wird zur Sicherheit der Tunnelnutzer durch Videokameras überwacht. Im Tunnel befinden sich zudem Notrufsäulen, die eine direkte Verbindung zur Polizeistation in Hilders herstellen. Die Beleuchtung des Tunnels erfolgt durch umweltschonende Natriumdampflampen, die durch Bewegungsmelder gesteuert werden. Bei Anbruch der Dämmerung schaltet sich nur für die Dauer von ca. 30 Minuten die Notbeleuchtung ein. Im Anschluss daran bleibt der Tunnel bis zum nächsten Morgen unbeleuchtet. Es ist kühl im Tunnel, in dem eine Durchschnittstemperatur von 8–10° Celsius herrscht. Der Milseburgtunnel ist aus Naturschutzgründen wegen der dort heimischen seltenen Fledermausart „Großes Mausohr" nur in der Zeit vom 1. April bis 31. Oktober geöffnet. Doch auch während der Sperrzeit des Tunnels kann man den Milseburgradweg befahren, denn es steht eine 4 km lange Umfahrungsstrecke zur Verfügung, auf der man allerdings einen Höhenunterschied von 145 m zu überwinden hat.

Km Hm	Roadbook
	Fulda eine sehenswerte Barockstadt mit einer mehr als 1200-jährigen Geschichte.
	Auf Schritt und Tritt trifft der Besucher in Fulda auf die Zeugnisse der Geschichte – nicht nur im berühmten Barockviertel rund um den Dom. Die Altstadt mit ihren liebevoll restaurierten Fachwerkhäusern, den mit Kopfstein gepflasterten Straßen und verwinkelten Gassen wirkt im Sommer besonders reizvoll, wenn Einheimische, Studenten und Gäste gemeinsam im Freien vor den urigen Kneipen sitzen. Zwischen Rhön und Vogelsberg gelegen, ist die Stadt das Oberzentrum Osthessens und Kreisstadt des Landkreises Fulda. Als katholischer Bischofssitz und Sitz der Deutschen Bischofskonferenz ist sie traditionell katholisch geprägt.

Sehenswert:
Dom, Domdechanei, Stadtschloss, Orangerie und Schlossgarten, Kloster Frauenberg, Stadtpfarrkirche, Michaelskirche, Propsteikirche St. Andreas, Altstadt mit altem Rathaus, Propsteischloss Johannesberg, Schloss Fasanerie „Adolphseck", Jüdische Mikwe, Plastiken des Künstlers Franz Erhard Walther im Straßenraum, Wiesenmühle.

Tourist-Information: Schlossstraße 1, 36037 Fulda, Tel. 0661-1021218, Email: tourismus@fulda.de, www.fulda.de

0 280	**Fulda Hbf.** östlicher Ausgang; ab hier dem Zeichen des **R 3** bzw. den Wegweisern Richtung **Tann** folgen
4,3 313	**Götzenhof,** Beginn des Milseburgradweges;
	Weiter den Wegweisern Richtung **Tann** folgen
6,3 294	**Almendorf;** Kreuzung mit dem Haunetalradweg. Die Haune entspringt am Berg Giebelrain im Rhönvorland und mündet bei Bad Hersfeld in die Fulda. In ihrem Tal verläuft von der Quelle bis zur Mündung der 60 km lange gleichnamige Radweg.
	Weiter den Wegweisern Richtung **Tann** folgen
9 309	**Wiesen;** weiter den Wegweisern Richtung Tann folgen
10,7 328	**Niederbieber;** weiter den Wegweisern Richtung Tann folgen
13,2 367	**Langenbieber;** Die Bahntrasse hatte nun auf gut 7 km den Höhenanstieg von 170 m bis zum Milseburgtunnel zu überwinden. Dies geschah im wesentlichen in zwei großen Schleifen, die aus dem Tal der Bieber hinausführten. Dabei wird das auf dem Berg liegende Schloss Bieberstein fast umrundet. Das Schloss beherbergt heute ein Internat.

	In Langenbieber zweigt eine Fahrradroute nach Hofbieber ab, die von dort weiter in das Nüsttal führt.
	Weiter den Wegweisern Richtung **Tann** folgen
19 463	**Elters;** weiter den Wegweisern Richtung **Tann** folgen
21 548	Tunnelportal West
22,5 540	**Ehemaliger Bahnhof Milseburg;** Gaststätte und Honigkuchen-/Wachsmuseum; Galerie-Café, Öffnungszeiten: Mi.–Sa., 10 –12 u. 13–18 Uhr; So., 10 –18 Uhr; Ruhetage: Montag und Dienstag
24,5 500	**Ruppsroth;** weiter den Wegweisern Richtung **Tann** folgen
27,3 453	**Eckweisbach;** Abzweig einer Fahrradroute in das Nüsttal. Durch das reizvolle Tal des kleinen Flüsschens Nüst, das bei Hünfeld in die Haune mündet, führt eine beschilderte Radroute. Um in das Tal zu gelangen, sind jedoch ab Eckweisbach rund 80 hm auf ca. 3 km zu überwinden.
	weiter den Wegweisern Richtung **Tann** folgen
29 434	Verzweigung **Aura;** bei Aura teilte sich die Bahnlinie in einen Zweig nach Tann und einen nach Wüstensachsen. Der Zweig nach Tann verlief im Ulstertal und hatte bei Wenigentaft Anschluss an die Bahnlinie nach Hünfeld (heute verläuft auf der Trasse der Kegelspielradweg) und an die Bahnlinie durch das Werratal. Bei Buttlar zweigte eine Industriebahn ab, die zu den Basaltsteinbrüchen am Berg Öchsen führte. Auch sie ist heute als Radroute ausgewiesen.
	Alternativ: Auf dem Ulstertalradweg nach Tann (9 km einfach) und ggf. weiter bis zum Kegelspielradweg: Auch der Ulstertalradweg verläuft abschnittsweise auf der ehemaligen Bahntrasse. Bei Wenigentaft schließt der Kegelspielradweg, der bei Hünfeld endet (siehe Bahnradeltour 5) Das Schicksal von Tann war über Jahrhunderte hin immer Grenzschicksal. Früher lag es an der Nahtstelle der Territorien der Bischöfe von Würzburg, der Äbte von Fulda, der hessischen Landgrafen, der Grafen von Henneberg und deren Nachfolger, der Herzöge von Sachsen. So wurde Tann, nachdem es zuerst fuldisch und später Reichsgebiet gewesen war, 1806 bayrisch, dann preußisch und seit 1945 hessisch. Bis zur Wiedervereinigung war Tann Grenzgemeinde zur DDR.

Sehenswert: Stadttor, Stadtbrunnen, Elf-Apostel-Haus, Schlossbrunnen, Sankt-Nikolaus-Kirche, Schlossanlagen der Freiherren von und zu der Tann, Museumsdorf, Naturkundemuseum.

Tourist-Information: Marktplatz 9, 36142 Tann, Tel. 06682-96 11-11 (12), E-Mail: tourist-info@tann-rhoen.de; www.tann-rhoen.de

Essen, Trinken, Schlafen: Zahlreiche Gaststätten im Ort; Pension Miem (06682-1399) im OT Schlitzenhausen (2 km Ri. Geisa)

Service rund ums Rad: OT Wendershausen: Fa. Leubecher Fahrradreparatur, Tel. 06682-330

Weiter dem Milseburgradweg nach **Hilders** folgen

31,3
424

Hilders; der Ort ist vom Lauf der Geschichte und der wechselnden Zugehörigkeit zu den Würzburger bzw. Fuldaer Kirchenstaaten geprägt und deswegen ein wenig fränkisch und ein wenig hessisch.
Die Gemeinde mit ihren idyllischen Ortsteilen ist wie geschaffen für die erholsame Rast auf der Route. Um dem Muskelkater keine Chance zu geben oder um einfach nur die Seele baumeln zu lassen, lässt das Freizeit- und Erlebnisbad Ulsterwelle keine Wünsche offen.

Tourist-Information: Kirchstraße 2-6, 36115 Hilders,
Tel. 06681-960815, Fax: 06681-960825,
E-Mail: tourist-info@hilders.de, www.hilders.de

Essen, Trinken, Schlafen: Gaststätten, Cafés und Übernachtungsbetriebe im Ort

Service rund ums Rad: Fa. Spiegel, Bahnhofstraße 10,
Tel. 06681-8372.

Brücke des Milseburgradweges

Wissenswertes über die Rhön

Die Rhön ist beinahe ebenso vielgestaltig in den Gesteinsarten wie in den Formen ihrer Berge. Die Berge der nordwestlichen Rhön, das „kuppige" Rhönvorland, die Hochrhön und die Schwarzen Berge im Süden sind durch den Vulkanismus und den Basalt geprägt. Die runden, harmonischen Berge des fränkischen Rhönvorlandes zeugen vom hier freitretenden Buntsandstein. Kalkmagerrasen prägen besonders das Landschaftsbild des nördlichen Teils der Rhön. Etwas ganz besonderes ist die Hochfläche des Naturschutzgebietes „Lange Rhön". Die durch Rodung im Mittelalter entstandene „offene Landschaft" beherbergt heute nicht nur mehrere Hochmoore, sondern ist auch Lebens- und Rückzugsraum seltener Tiere und Pflanzen. Nicht zuletzt deswegen bekam die Rhön das Prädikat „Biosphärenreservat" verliehen. Doch insgesamt gibt es noch viele weitere Naturschutzgebiete, von denen nach der Langen Rhön sicher das bedeutendste das NSG Schwarze Berge ist, das sich entlang des oberen Sinntals hinzieht.

Nach Süden hin verändert sich die Rhön: Zwischen Sinn und Fränkischer Saale nimmt das Gebirge an Höhe ab. Das kleine Flüsschen Schondra schließlich markiert die geografische südliche Grenze der Rhön.

Blick auf die Lange Rhön am Oberelsbacher Graben

Nur wenige Kilometer südlich von Bad Kissingen, im Saaletal rund um Hammelburg und in den Seitentälern bei Ramsthal und Wirmsthal, findet man Qualitätsweinbau mit Tradition.

In Ostheim und Roth/Rhön gibt es Familienbrauereien, in denen u.a. auch mehrfach ausgezeichnete Öko-Biere gebraut werden. Und nicht zuletzt kommt das angesagte aktuelle Kultgetränk, die Bionade, aus Ostheim v. d. Rhön.

Wer lieber den Apfelsaft vorzieht: Der Ertrag aus den vielen Obstwiesen rund um die alten Dörfer wird in Rhöner Keltereien zu einem naturgesunden Apfelsaft verarbeitet, den Sie in vielen Gaststätten genießen können.

Und natürlich wird in der Rhön im Fuldatal und im Sinntal bei Bad Brückenau Mineralwasser aus dem vulkanischen Gestein gefördert. In den sechs Kurbädern der Rhön – Bad Brückenau, Bad Bocklet, Bad Kissingen, Bad Königshofen, Bad Neustadt und Bad Salzungen – gehören diese Heilwässer zur Kuranwendung und werden zur Linderung der unterschiedlichsten Beschwerden angewandt.

Durch die Wiedervereinigung wurde die Rhön wieder ein zusammenhängendes Gebiet, das bereits im März 1991 von der Unesco als Biosphärenreservat anerkannt wurde, um Schutz, Pflege und Entwicklung dieser außergewöhnlichen Landschaft zu sichern. Biosphärenreservate sind großflächige, repräsentative Ausschnitte von Kultur- und Naturlandschaften, die zum überwiegenden Teil ihrer Fläche unter gesetzlichem Schutz stehen. In ihnen werden - gemeinsam mit den hier lebenden und wirtschaftenden Menschen - beispielhafte Konzepte zu Schutz, Pflege und Entwicklung erarbeitet und umgesetzt. Die Unesco als Weltorganisation für Erziehung, Wissenschaft und Kultur baut im Rahmen ihres Programmes „Der Mensch und die Biosphäre" (MAB) ein weltweites Netz von Biosphärenreservaten auf. Die Ziele des MAB-Programmes sind: Erarbeitung von wissenschaftlichen Grundlagen für die nachhaltige Nutzung und wirksame Erhaltung von Boden, Wasser, Luft sowie Tier- und Pflanzenwelt sowie die Entwicklung von umweltschonenden Wirtschaftsweisen und deren Umsetzung. Es geht also nicht darum, einzelne Teilräume von Landschaften als von Menschen weitgehend unbeeinflusste Schutzräume abzugrenzen, sondern um die Einbindung der Nutzungsansprüche des Menschen in ein integriertes Gesamtkonzept. In ihnen sollen Strategien erarbeitet werden, die das langfristige Überleben der Menschheit sichern. Es soll gezeigt werden, dass der Mensch die Biosphäre nutzen kann, ohne sie zu zerstören. Biosphärenreservate umfassen unterschiedlich intensiv genutzte Landschaften, von sehr naturnahen bis hin zu intensiv landwirtschaftlich oder baulich genutzten Gebieten. Unter den sechs Biosphärenreservaten in Deutschland gehört die Rhön mit einer Fläche von 185.000 ha zu den größten. Seine Fläche verteilt sich auf die Bundesländer Bayern, Hessen und Thüringen. In Jahrhunderte langer Nutzung hat der Mensch das Bild der Rhön geprägt und dabei verändert. Wo einst zusammenhängende Buchenwälder standen, entwickelte sich eine vielgestaltige Kulturlandschaft, die aus Wäldern, Dörfern, Ackerland, Heckengehölzen, Streuobstwiesen und Wiesen besteht. Dies alles zusammen prägt die Rhön, das „Land der offenen Fernen".

Zweite Tour:
Über die Rhön - vom Milseburgradweg zum Bahnradweg durch das Brendtal

In Hilders endet der Milseburgradweg. Die weitere Fahrradroute verläuft teils noch auf der ehemaligen Trasse der Bahn bis nach Thaiden und danach als Radweg weiter zu ihrer früheren Endstation in Wüstensachsen, denn der asphaltierte Radweg von Thaiden nach Wüstensachsen bestand als Radweg schon vor der Freigabe der Trasse des Milseburgradweges. Ab Wüstensachsen geht es dann auf Feldwegen hinauf zur Hochrhön und, wenn Sie möchten, sogar auf den Gipfel eines der höchsten Rhönberge. Die Route führt Sie durch das Naturschutzgebiet Lange Rhön mit seiner Hochfläche und den beiden großen Hochmooren. Das NSG ist Lebensraum für viele vom Aussterben bedrohte Tiere und Pflanzen und die Borstgrasrasen sind die bedeutendsten in ganz Deutschland.

Zwei Kilometer fährt man auf der Hochrhön-Panoramastraße, dann geht es schon wieder auf dem landschaftlich wunderschönen Zubringerweg zur Thüringer Hütte. Wer mehr von der Hochfläche der Langen Rhön „erfahren" möchte, fährt am Abzweig geradeaus weiter zum Schwarzen Moor.

Km Hm	Roadbook
0 424	**Hilders;** am Ende des Milseburggradweges setzt sich die Radroute als Rhönradweg fort. Dort fährt man mit Ziel Oberelsbach talaufwärts.
2,4 467	**Findlos/Batten;** weiter dem Ulstertalradweg in Richtung **Oberelsbach** folgen
3,8 476	**Thaiden;** weiter dem Ulstertalradweg in Richtung **Oberelsbach** folgen
5,7 524	**Seiferts;** weiter dem Ulstertalradweg in Richtung **Oberelsbach** folgen
7,2 547	**Melpers;** weiter dem Ulstertalradweg in Richtung **Oberelsbach** folgen
9,3 569	**Wüstensachsen;** in Wüstensachsen ist quasi der Talschluss. Die weitere Route folgt nun der Ulster bis fast zu ihrer Quelle und führt danach hinauf zur Hochrhönstraße.
	Weiter dem Ulstertalradweg in Richtung **Oberelsbach** folgen. Er führt aus dem Ort hinaus und geht nach ca. 2 km nach dem Freizeitgelände Roter Rain in einen geschotterten Feldweg über.
15 810	Parkplatz; Abzweig des R 1 nach Gersfeld und des Ulstertalradweges zu seiner Quelle (ca. 1,5 km einfach) Weiter auf dem Rhönradweg in Richtung **Oberelsbach**
15,5 833	**Parkplatz Schornhecke** im Naturschutzgebiet Lange Rhön; Wer noch über genügend Kondition verfügt, kann jetzt einen Abstecher auf einen der vier höchsten Rhöngipfel machen. Die Privatstraße auf den 926 m hohen Heidelstein mit seinem markanten Antennenmast überwindet rund 90 hm und bietet an ihrem Ende eine beinahe 360°-Rundumsicht (ca. 3 km hin und zurück).
15,7 826	**Hochrhönstraße** Die Route des Rhönradweges führt Sie durch das Naturschutzgebiet Lange Rhön mit seinen Hochmooren und seiner Hochfläche. Sie ist Lebensraum für viele vom Aussterben bedrohte Tiere und Pflanzen und die Borstgrasrasen sind die bedeutendsten in ganz Deutschland. Es ist das „Land der offenen Fernen", durch das Sie nun fahren: Der weite Blick öffnet sich hier in drei Himmelsrichtungen: Im Nordosten zum Thüringer Wald; im Südosten zu den beiden Gleichbergen und den Haßbergen und ganz im Süden sehen Sie den mehr als 100 km entfernten Steigerwald.

17,7 826	**Abzweig von der Hochrhönstraße;** Rechts führt die Route weiter, geradeaus geht es mit einem Abstecher weiter auf der Hochrhönstraße zum Schwarzen Moor.
	Abstecher Schwarzes Moor (Einkehr) Dort können Sie Ihr Fahrrad samt Gepäck in Bike-Boxen sicher unterstellen, sich auf die gut einstündige Exkursion zu Fuß durch das Hochmoor begeben und zum Abschluss den 18 m hohen Aussichtsturm besteigen. Das größte Moor der Rhön ist das Schwarze Moor (60 ha), das nach der letzten Eiszeit entstand (vor ca. 13.000 Jahren). Bei feuchtkaltem Klima breitete sich eine niedere Tundren-Vegetation aus. In Mulden mit tonigem und daher wasserundurchlässigem Untergrund siedelten sich damals feuchtigkeitsliebende Pflanzen an, die sich nach ihrem Absterben nur ungenügend zersetzten und schließlich vertorften. Im Laufe der Jahrtausende wuchsen bei wechselnden Klimaperioden und unterschiedlichem Pflanzenbewuchs die Torfschichten verschieden schnell und bildeten schließlich ein immer stärker werdendes Polster, das selbst die Hänge der Mulden hinaufkroch und im zentralen Bereich eine uhrglasförmige Wölbung hervorrief. Von dieser Aufwölbung haben alle „Hochmoore" ihren Namen erhalten. Hin und zurück ca. 12 km
	Weiter auf der Hauptroute: Rechts abbiegen und weiter mit Zielangabe **Oberelsbach** auf der schmalen Straße zum
20,5 706	**Gasthof Thüringer Hütte;** Hier war früher die Grenze einer Exklave der Grafschaft Sachsen Weimar, später des Freistaates Thüringen: des Amtes Lichtenberg bzw. Ostheim, das innerhalb des Gebietes des Fürstbistums Würzburg bzw. seiner Nachfolger, des Königreiches Bayern und des Freistaates Bayern lag. Erst 1972, mit dem Grundlagenvertrag zwischen der DDR und der BRD, kam das Gebiet endgültig zu Bayern. Noch vor der Thüringer Hütte quert man die „Höhl", eine Landwehr aus dem 14. Jahrhundert. Bei der Thüringer Hütte befand sich der „Schlag", der bewachte Durchgang durch die aus einem Wall-Graben-Wall-System bestehende Landwehr, deren Sperrfunktion zudem noch durch dichte Hecken, das „Gebück", unterstützt wurde.
	Weiter mit Ziel **Oberelsbach** auf der Straße nach
24,8 397	**Urspringen;** noch vor dem Ort passiert man einen Abzweig zu einem Hügelgräberfeld aus der Keltenzeit, das noch völlig unberührt in einem Wäldchen liegt.
25,8	Abzweig in den alten Ort mit vielen schönen Fachwerkgebäuden; im Ort entspringt unterhalb der Kirche mit einer stark schüttenden Quelle der Bach Bahra.

	Weiter mit Ziel **Oberelsbach**
26,4	Abzweig zu einem weiteren, diesmal einem restaurierten Hügelgräber-feld (der beschilderten Route nach links folgen)
	Die Hauptroute biegt hier rechts ab und folgt dem Weg nach
28,3 400	**Oberelsbach;** Der Ort ist Sitz der Bayerischen Verwaltung des Bio-sphärenreservates Rhön und des Naturparks Bayerische Rhön. Direkt an der Route liegt das „Haus der Langen Rhön", ein Informationszen-trum, in dem man sich über die Landschaft Rhön und die Aufgaben und Ziele des Biosphärenreservates informieren kann. In Oberelsbach zweigt der landschaftlich sehr reizvolle Elstalradweg ab, der auch nach Bad Neustadt führt.
	Am Radler-Infopunkt mit der Informationstafel weiter mit Ziel **Bischofsheim**
31,4 420	**Sondernau;** weiter mit Ziel **Bischofsheim**
33,3 435	**Weisbach;** wenige Kilometer hinter dem Ort senkt sich die Fahrrad-route in das Brendtal ab. Weiter mit Ziel **Bischofsheim**
38 393	**Unterweißenbrunn;** die Fahrradroute trifft bei Unterweißenbrunn auf den Brendtalradweg, der exakt der alten Bahnlinie von Bad Neustadt nach Bischofsheim folgt. Zunächst geht es auf der Bahntrasse talaufwärts nach
40 434	**Bischofsheim** liegt am Fuße des Kreuzberges, des zweithöchsten Rhönberges und „Heiligen Berges der Franken". Das Wahrzeichen der Stadt, der spätromanische Zehntturm aus dem 13. Jh., das historische Rentamt und die zum großen Teil noch sehr gut erhaltene Stadtmauer verleihen Bischofsheim ein mittelalterliches Flair. Der Ferienort verfügt mit den zahlreichen Holzschnitzereien und der ältesten Holzschnitzschule Deutschlands sowie der russisch-orthodoxen Kirche über weitere Besonderheiten. **Tourist-Information:** Kirchplatz 7, 97653 Bischofsheim a.d. Rhön, Tel. 0 97 72-91 01 51, E-Mail: tourist-info@bischofsheim-rhoen.de, www.bischofsheim.info **Essen, Trinken, Schlafen:** Zahlreiche Gaststätten, Cafés und Über-nachtungsbetriebe im Ort **Service rund ums Fahrrad:** Radsport Reder, Haselbach, Tel. 09772-1423 **Tipp:** Auch der Kreuzberg kann mit dem Fahrrad bezwungen werden, doch sind bis zum Kloster rund 400 hm auf der Straße zu überwinden.

Das Kapitel **Eisenbahn** ist auch in der Rhön nicht sehr erfreulich: Lange Zeit hofften die Bischofsheimer, dass mit einem Tunnel unter dem Schachen bei Oberweißenbrunn die (einzig noch existierende) Bahnlinie von Fulda nach Gersfeld mit der Linie von Bischofsheim nach Bad Neustadt verbunden würde, dass damit eine Anbindung an den hessischen Wirtschaftsraum geschaffen würde und dass Industrie und Handel dadurch einen Aufschwung nehmen würden. Leider vergebens, denn der Tunnel wurde nie gebaut und die Bahnlinie obendrein stillgelegt. Auch in der Hessischen Rhön wurde schon vor vielen Jahren die Strecke Fulda-Hilders-Wüstensachsen stillgelegt, wie auch nach der Wende die Thüringer Schmalspurbahn von der Werra durch das Feldatal. Geblieben ist nur noch die Bahn-Hauptstrecke von Schweinfurt über Bad Neustadt und Mellrichstadt über den Thüringer Wald nach Erfurt, die für den Landkreis Rhön-Grabfeld von einiger Bedeutung ist, und die in der Südrhön von Fulda nach Würzburg. Hingegen fährt auf der alten Strecke Mellrichstadt-Fladungen zwischen Ostheim und Fladungen an Wochenenden wieder ein Zug: Das Museumsbähnle des Fränkischen Freilandmuseums.

Vor dem Start durch das Streutal: Das Museumsbähnle im Bahnhof von Fladungen

Dritte Tour:
Bahnradeln in der Fränkischen Rhön

Ab dem Zentralparkplatz vor den Toren der Altstadt von Bischofsheim geht es mit Ziel Bad Neustadt zunächst noch auf der Straße, dann auf der ehemaligen Bahntrasse nach Bad Neustadt. Der Bischofsheimer Bahnhof ist heute Teil eines Baumarktes.

Km Hm	Roadbook
2 393	**Unterweißenbrunn;** weiter mit Ziel nach **Bad Neustadt**
5,7 348	**Wegfurt;** weiter mit Ziel nach **Bad Neustadt**
8 315	**Schönau;** weiter mit Ziel nach Bad Neustadt
11,6	Abzweig nach **Burgwallbach** (Badesee)
17,5 240	**Bad Neustadt-Brendlorenzen;** weiter mit Ziel **Infopunkt**
17,7	Weiter mit Ziel **NES-Bahnhof**
18,4	Besengaustraße; hier endet die Bahntrasse; weiter auf dem Radweg Richtung **NES-Bahnhof**
18,7	An der Kreuzung links auf dem gegenläufigen Radweg weiter
59,2	An der Ampelanlage die Straße überqueren
59,3	Rechts weiter Richtung Bahnhof
59,7	Bahnhof Bad Neustadt; weiter zum Infopunkt
60,5 235	**Bad Neustadt Info-Punkt für Radler;** von dort führt eine beschilderte Fahrradroute zur Innenstadt (0,5 km) mit dem historischen Marktplatz, auf dem sich Gaststätten und Cafés befinden. Der Infopunkt ist Kreuzung mehrerer Fahrradrouten: In Richtung Süden zweigen hier der Radfernweg Main-Werra (Würzburg – Meiningen), der Radwanderweg Fränkische Saale, die ADFC- 4-Sterne-Qualitätsradroute „Vom Main zur Rhön" und der Rhönradweg in Richtung Hammelburg ab.

Nach Norden und Osten führen der Radfernweg Main-Werra und
der Radwanderweg Fränkische Saale, nach Westen der Hessische
Radfernweg R 1, der Rhönradweg und der Brendtalradweg sowie
der Hochrhönradweg und die ADFC- 4-Sterne-Qualitätsradroute
„Vom Main zur Rhön".

Bad Neustadt

Die Gründung Bad Neustadts geht bis in die Zeit Kaiser Karls des
Großen zurück. Von dem Fleck, auf dem sich heute die Salzburg
erhebt, habe der Sage nach Karl mit seiner geliebten Gattin Fastrada
hinunter geblickt auf die Talaue der Saale und beschlossen zum
Zeichen ihrer Liebe eine Stadt in Herzform zu bauen. Im historischen
Stadtplan sind Bad Neustadts Sehenswürdigkeiten zusammengefasst.
Heute ist Bad Neustadt eine lebendige Kur- und Urlaubsstadt mit
winkeligen Gassen, Türmen und Häusern. Zwischen den historischen
Sehenswürdigkeiten gibt es gemütliche Gasthäuser, die zu deftigen
Fränkischen und Rhöner Spezialitäten einladen. Mittelpunkt ist der
große Marktplatz – beliebter Anziehungspunkt für Märkte, Feste und
Open-Air-Verstaltungen. Gesäumt wird der Platz von zahlreichen
Geschäften, die zum Bummeln und Einkaufen einladen. Neben vielen
Freizeitaktivitäten bietet Bad Neustadt mit seinem Herzstück, dem
Erlebnis- und Wellnessbad, Spaß und Erholung für Groß und Klein.

Kurverwaltung: Löhriehter Straße 2, 07616 Bad Neustadt, Tel. 09771-
1384, E-Mail: Info@tourismus-nes.de, www.tourismus-nes.de

Essen, Trinken, Schlafen: Zahlreiche Gaststätten, Cafés und Übernachtungsbetriebe im Ort

Service rund ums Fahrrad:
Radhaus Raab, Saalestraße 19, Tel. 09771-2570;
Wolf Bike & Play, Saalestraße 24 09771-2213

Bahn und Bike: Ab Bad Neustadt kann man in südliche Richtung
mit der Bahn nach Schweinfurt fahren und hat dort Anschluss nach
Würzburg bzw. Bamberg. Über Mellrichstadt geht es nach Meiningen
und Erfurt.

An der Stadtmauer in Bad Neustadt

Auf dem Bahnradweg durch das Saaletal

Vierte Tour:
Entlang der Fränkischen Saale nach Bad Königshofen im Grabfeld

Ab dem Infopunkt folgt die Bahnradroute dem Radwanderweg Fränkische Saale nach Bad Königshofen im Grabfeld. Auch sie nutzt allerdings nur abschnittsweise die alte Bahnlinie, da schon vor der Freigabe der Bahnlinie asphaltierte Radrouten vorhanden waren.

Das Grabfeld ist eine alte Landschaft, die bereits im 8. Jahrhundert als Fränkischer Gau (Graffeld) bekannt war. Der Name hat allerdings nichts mit Gräbern zu tun, sondern leitet sich aus dem keltischen ab und soll „Buchenland" bedeuten. Es ist eine fruchtbare Gegend, die schon in der Jungsteinzeit besiedelt war. Sie war auch in der in der Keltenzeit vergleichsweise dicht besiedelt, was sich aus den vielen Grabungsfunden ergibt, die meist auf den Feldern zwischen den Orten gemacht wurden. Einige der Funde sind im Museum „Schranne" in Bad Königshofen ausgestellt. Das Museum beherbergt zudem auch eine Ausstellung über die deutsch-deutsche Grenze, die einst das Grabfeld in zwei Teile teilte.

Km Hm	Roadbook
0	**Bad Neustadt Info-Punkt für Radler;** Weiter mit Ziel **Bad Königshofen;** es geht über die Brend, danach unter der Bahnlinie Schweinfurt – Erfurt hindurch und durch die Flussauen nach
1,4	Straßenunterführung **Herschfeld;** weiter der beschilderten Fahrradroute folgen; bei der
4,6	Verzweigung **Heustreu** wird nun bis Hollstadt die alte Bahntrasse genutzt. In Heustreu zweigt der Radfernweg Main-Werra ab.
6,8	**Hollstadt bei Heustreu;** (Einkehr) Der im 12. Jh. erstmals erwähnte Ort gehörte vom Jahre 1157 bis zur Säkularisation zu den bedeutendsten Besitzungen des Klosters Bildhausen. An den steilen Südhängen wurde bis in die dreißiger Jahre unseres Jahrhunderts Wein angebaut. Heute ist der Ort durch seine Saatkartoffelvermehrung bekannt.

Die katholische Pfarrkirche St. Jakobus wurde 1969/80 neu errichtet. Der spitze „Juliusturm" ist noch ein Teil der alten Kirche, die unter Bischof Julius Echter 1600/10 erweitert wurde. Im Untergeschoss des Turmes, dem Chorraum der früheren Kirche, befindet sich der prächtige ehemalige Rokoko-Hochaltar (1730). Die Heiligenfiguren der früheren Seitenaltäre und ihre Altarbilder sind an den Wänden der neuen Kirche angebracht. Von der alten Kirchenburg steht noch ein Rundturm mit Teilen der Wehrmauern, der Torturm mit barocker Haube und daneben das alte Rathaus mit Treppengiebel. Der ehemalige Klosterhof im Ostteil des Dorfes ist ein schöner Komplex von Renaissancebauten. Im Inneren findet man Stuckdecken des 18. Jahrhunderts.

Zur Verbesserung der wirtschaftlichen Situation bemühte man sich bereits 1971, den am Dorfrand (direkt am Fahrradweg) sprudelnden Sauerbrunnen zu analysieren und aufzubereiten. Nach dem Ergebnis handelt es sich um ein Natrium-Calcium-Chlorid-Sulfat-Mineralwasser, das für Magen-Darm-Krankheiten, Erkrankungen der Nieren- und Harnwege, Krankheiten der Gallenblase und bei Stoffwechselstörungen geeignet ist.

Weiter mit Ziel **Bad Königshofen**

Wülfershausen;

13,3

Bereits um 1500 hatte das Dorf eine starke Umwehrung mit Mauer und eine Kirchenburg. Die neue Pfarrkirche entstand 1962/63. Das alte Gotteshaus (1607) und die Gaden wurden abgerissen; nur der 1617 erhöhte Turm blieb stehen, er bildet in seinem Untergeschoss heute eine Gnadenkapelle und birgt den früheren Hochaltar (1720/30), einen Renaissancetaufstein und den Grabstein des 1615 verstorbenen Priesters Kilian Gullmann. Die Stephanuskapelle besteht aus einem spätromanischen Langhaus des 13. Jahrhunderts dem 1507 der Chor mit dem Dachreitertürmchen vorgesetzt wurde.

Das Pfarrhaus ist ein Renaissancebau der Jahre 1607/08 mit einem schönen profilierten Portal.

weiter mit Ziel **Bad Königshofen**

Wallfahrtskapelle Findelberg;

15,5

Der Hügel, auf dem die Kapelle steht, trug wohl schon in vorchristlicher Zeit eine heidnische Opferstätte. Eine Kirche stand hier vielleicht schon im frühen Mittelalter, sicher jedoch vor dem Jahre 1445. Die heutige Wallfahrtskirche entstand 1781/86 im Empirestil nach Plänen des Maurermeisters Hans Michael Schauer aus Wermerichshausen; der Turm stammt aus dem Jahre 1499. Im Deckengemälde der Himmelfahrt Mariens (1795) soll der Künstler Johann Peter Herrlein in der Gestalt des Doppelbärtigen in der Jüngergruppe sich selbst dargestellt haben. (Er starb 1799 in Saal und fand im Findelbergfriedhof sein Grab).

Der Hochaltar birgt die ursprünglich spätgotische Gnadenfigur in einer Nachbildung (um 1900). Auch die Holzgruppe der Pieta (um 1500) an der südlichen Seitenwand wird als Gnadenbild verehrt. Die Kirche wurde 1965 stilvoll restauriert. Die Armenseelen-Kapelle westlich der Kirche beherbergt eine spätgotische Vespergruppe (um 1480) und eine große Anzahl volkskundlich interessanter wächserner Votivgaben. Diese - ursprünglich als Wachsspenden aus Anlass von Kindererkrankungen gelobt - wurden von den Wachsziehern in ungefähre Kindergestalt gebracht und mit farbenfrohen barocken Ornamenten ausgestattet.

16,2	Saal; kurz hinter dem uralten Ort, der nur am Rande tangiert wird, verläuft nun die Route auf der alten Bahntrasse bis nach Bad Königshofen. **Weiter mit Ziel Bad Königshofen**
16,7	Beginn der Bahntrasse
19,7	**Kleineibstadt;** Weiter mit Ziel **Bad Königshofen**
23	**Großeibstadt;** Nahe des Ortes machte man vor einiger Zeit sensationelle Gräberfunde: Ein Bauer, dessen Pflug durch rätselhafte Gesteinshäufung steckenblieb, wurde zum Entdecker einer dreiteiligen Grabstätte für eine fürstliche Familie der Hallstatt-Eisenzeit (800–650 v. Chr.). Eine der freigelegten hölzernen Grabkammern barg neben Schwert, Dolch, Tongefäßen, Bronzekessel und -schüsseln noch die Reste eines vierrädrigen Wagens und eines kleinrassigen Pferdes. Von der alten Dorfbefestigung ist noch ein Torhaus (um 1600) erhalten.
	Weiter mit Ziel **Bad Königshofen**
26,3	**Info-Punkt in Bad Königshofen;** In Bad Königshofen, jenseits der Straße am Infopunkt, endete die Bahnlinie. Der Bahnhof ist noch vollständig erhalten und in Privatbesitz. Wenn man der Beschilderung weiter folgt, gelangt man in die Innenstadt und zum Kurzentrum.

Nach Urkunden aus dem 9. Jahrhundert befand sich damals ein fränkisches Königsgut in Königshofen. 1354 erwarb das Hochstift Würzburg die Stadt. In ihren Mauern entstand 1442–1520 die Pfarrkirche, 1564–1575 das Rathaus und 1665 das inzwischen aufgelassene Kapuzinerkloster. Königshofen lag an der Heerstraße vom Thüringer Wald zum Main und wurde wohl deswegen als Außenposten in der zweiten Hälfte des 16. Jahrhunderts durch das

Fürstbistum zu einer Festung ausgebaut, die man nach dem 30-jährigen Krieg nach neuen Grundsätzen vervollkommnete. Sie konnte aber weder 1631 den Schweden, noch 1796 den Franzosen standhalten und wurde später geschleift. 1974 wurde Königshofen aufgrund einer bereits länger bekannten Heilquelle zu einer Badestadt ernannt. Heute sprudelt das Wasser dieser Heilquelle im modernen Kurzentrum, dessen Grundstein ebenfalls 1974 gelegt wurde. Heilanzeigen in Bad Königshofen sind: Leber, Galle, Magen, Darm, Stoffwechsel und Rheumatischer Formenkreis.

Sehenswert:

Das Alte Rathaus, die Stadtpfarrkirche, der Markplatz, das Archäologische Museum Bad Königshofen. Es ist ein Zweigmuseum der Archäologischen Staatssammlung München und beherbergt archäologische Bodenfunde aus dem nordöstlichem Unterfranken. Die Schranne, in der sich das Museum befindet, ist ein ehemaliger Getreidespeicher des Klosters Wechterswinkel und entstand in ihrer heutigen Form im Jahre 1693. Zudem ist hier die Steinzeitwerkstatt des Museumspädagogischen Zentrums Bad Königshofen untergebracht. Diese Einrichtung ist besonders für Schulklassen und Gruppen eine besondere Attraktion, bietet sie doch Einblick in Leben und Handwerkstechniken vorgeschichtlicher Menschen.

Öffnungszeiten: Dienstag 10.00–12.00 Uhr und 14.00–16.00 Uhr; Donnerstag 10.00–12.00 Uhr und 17.00–19.00 Uhr; Samstag und Sonntag 14.00–17.00 Uhr; zusätzlich April–Oktober: Mittwoch und Freitag 14.00–16.00

Museum für Grenzgänger:

Unter dem Titel „Museum für Grenzgänger – Nachbarn im Grabfeld" wurde die Dauerausstellung 2006 eröffnet. Das über Jahrhunderte gewachsene nachbarschaftliche Miteinander der Menschen im Grabfeld endete nach dem Zweiten Weltkrieg unvermittelt. Fortan trennte die nahezu unüberwindliche „Zonengrenze" den durch gemeinsame Tradition und Sprache verbundenen Kulturraum. Erst seit der Wende 1990 zeichnet sich ein neuerliches, freundschaftliches Zusammenwachsen des bayerischen und thüringischen Grabfelds ab. Diese sich wandelnde Nachbarschaft über Grenzen hinweg wurde und wird getragen von den Menschen im Grabfeld. Sie lebten mit den Grenzen, ignorierten oder überwanden sie. Deshalb stehen auch diese Menschen im Mittelpunkt des „Museums für Grenzgänger". Einige ausgewählte Personen fanden daher als „Grenzgänger" in der Ausstellung ihren Platz. Sie informieren den Museumsbesucher über ihre persönlichen, mit den Grenzen verbundenen Lebenswege – stellvertretend für viele tausend andere „Nachbarn im Grabfeld". Zugang durch das Gebäude der Schranne; Öffnungszeiten wie die Schranne.

Wie weiter:

1. *Mit Ziel Saalequelle bis Ipthausen, dann mit Ziel Sulzdorf an der Lederhecke, dort weiter mit Ziel Maroldsweisach in das Baunachtal und auf dem Baunachtalradweg, der Abschnittsweise auf der alten Bahntrasse verläuft, nach Bamberg*

2. *Ab dem Infopunkt auf der Regionalroute nach Schweinfurt (48 km, durchgehende Zielbeschilderung „Schweinfurt" bis zum dortigen Marktplatz)*

3. *Ab dem Infopunkt auf dem Radfernweg Meiningen–Haßfurt zum Mainradweg bei Haßfurt (ca. 40 km)*

4. *Ab dem Infopunkt auf dem Radfernweg Meiningen–Haßfurt über Mellrichstadt (29 km, Bahnanschluss Erfurt–Schweinfurt) nach Meiningen (51 km)*

Der Kegelspielradweg: Auf dem Viadukt bei Klausmarbach

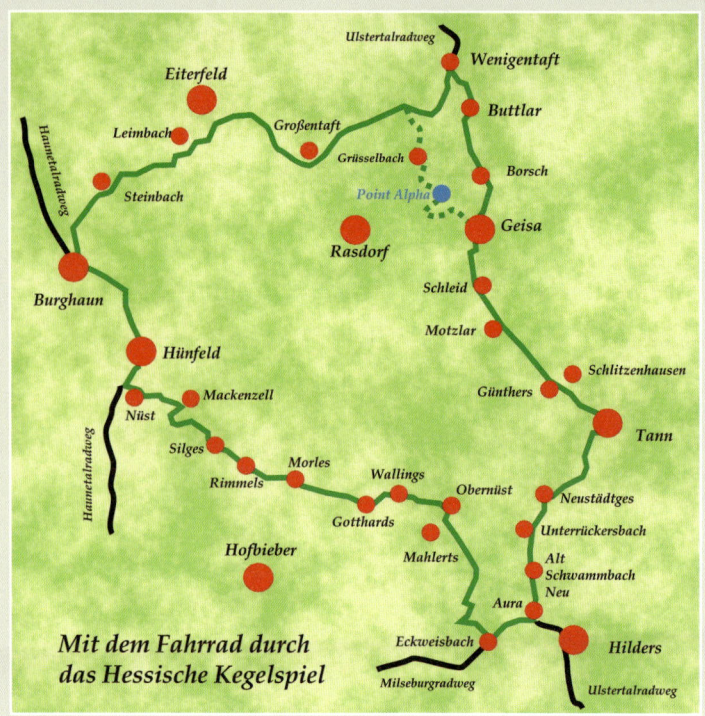

Mit dem Fahrrad durch das Hessische Kegelspiel

(Map labels:)

Ulstertalradweg — Wenigentaft — Buttlar — Eiterfeld — Großentaft — Borsch — Leimbach — Grüsselbach — Point Alpha — Geisa — Steinbach — Rasdorf — Schleid — Burghaun — Motzlar — Hünfeld — Schlitzenhausen — Mackenzell — Günthers — Nüst — Tann — Silges — Morles — Wallings — Obermüst — Neustädtges — Rimmels — Unterrückersbach — Gotthards — Mahlerts — Alt Schwammbach Neu — Hofbieber — Aura — Eckweisbach — Hilders — Milseburgradweg — Ulstertalradweg — Hauneltalradweg

Fünfte Tour:
Mit dem Fahrrad durch das Hessische Kegelspiel

Der nordwestliche Bereich der Rhön trägt den lustigen Namen Hessisches Kegelspiel. Den hat er von den basaltigen Kuppen, die wie Kegel dort „in der Landschaft herumstehen". Zwischendrin eine weite und offene Landschaft, die hervorragend zum Radwandern geeignet ist. Seit wenigen Jahren hat man im Kegelspiel neben den Kegeln eine weitere Attraktion: Den auf der ehemaligen Bahnroute von Hünfeld zum Ulstertal verlaufenden **Kegelspielradweg.** Wie entlang eines langen Balkons fuhr die damalige Eisenbahn entlang der Hänge der Berge und so fahren die Radler auch noch heute. Wo, wie bei Burghaun, ein

Zwei „Kegel" des Hessischen Kegelspiels

enges Tal den „Balkon" unterbricht, fährt man auch noch heute über ein hohes Viadukt. Am Ende des Radweges gelangt man auf den Ulstertalradweg, auf dem man über Tann flussaufwärts fährt und bei Aura auf den Milseburgradweg trifft. Sehenswert ist das alte Städtchen Tann, das wie das gesamte Ulstertal einst über viele Jahrhunderte zum Hochstift Würzburg gehörte. Nur wenige Kilometer fährt man auf dem Milseburgradweg, denn er wird schon bei Eckweisbach verlassen: Ein paar Meter geht es nun hinauf und gleich wieder hinunter - und man ist schon im Nüsttal. Dieses Tal trennt naturräumlich das Hessische Kegelspiel von der kuppigen Vorderrhön. Die Nüst durchfließt ein ruhiges, landschaftlich reizvolles Tal und mündet 3 Kilometer vor Hünfeld in die Haune.

Der Flussname wird bereits im Jahr 980 als „Niusta" (Mühlbach) erwähnt. Der Fluss Nüst durchschneidet das gleichnamige Dorf Nüst, bevor er in die Haune fließt.

Durch das Tal führt eine beschilderte Radwanderroute, die den Vorteil hat, dass sie sowohl an den Milseburgradweg als auch an den Haunetalradweg anbindet, der nur wenige Kilometer weiter nördlich mit dem Kegelspielradweg verbunden ist.

Alternativ: Natürlich kann man auch auf dem Milseburgradweg weiter fahren. Diese Route ist 13 km länger als die durch das Nüsttal. Bei Almendorf kreuzt der Haunetalradweg, dem man rechts einbiegend bis zum Bahnhof in Hünfeld folgen kann (ab Eckweisbach bis Bhf. Hünfeld 39 km; vollständig beschildert).

Alles auf einen Blick

Ausgangspunkt	Bahnhof Hünfeld
Streckenlänge	80 km
Kategorie	leichte Tour mit nur einem Anstieg von ca. 80 Hm zwischen Unterbernhards und Eckweisbach; als 2-Tagetour auch für Familien geeignet
Wege	Überwiegend asphaltierte Rad- und Wirtschaftswege
Karte	Fritsch Radwanderkarte 1: 50.000 Naturpark Rhön; ADFC Regionalkarte Rhön 1: 75.000 Bielefelder Verlag
Einkehr unterwegs	In fast allen Orten am Weg
Wegweisung	weiß-grüne Schilder mit Ziel- und Entfernungsangaben (s.o.)
Die Anreise	**Mit der Bahn:** Die Stadt Hünfeld ist an die Regionalbahnen aus den Ballungsräumen Rhein-Main und Kassel angeschlossen. **Mit dem Auto:** A 7 Kassel – Würzburg Abfahrt Hünfeld/Schlitz
Tourist-Info	Hünfeld und Hessisches Kegelspiel: www.huenfeld.de Stadtverwaltung Geisa, Marktplatz 21, 36419 Geisa, Tel. 036967-69-0; info@stadt-geisa.de, www.stadt-geisa.de

Rastplatz auf dem Kegelspielradweg bei der Kreuzung der alten Frankfurt-Leipziger Handelsstraße (Des Reiches Straße)

Km	Roadbook
0	Bahnhof Hünfeld; am Wegweiser in Richtung **Kegelspielradweg** fahren

Der Name Hünfeld hat seine Wurzeln in »Feld an der Haun«. Erstmals urkundlich erwähnt wurde die Stadt in einer Schenkungsurkunde Karls des Großen, der 781 das Haunfeld an das Kloster Fulda schenkte. Um die erste Jahrtausendwende wurde die Klosterniederlassung in ein Chorherrenstift umgewandelt. Der allgemeine Aufstieg des Handels in Deutschland im 11. und 12. Jahrhundert hinterließ auch in Hünfeld seine Spuren: der Ort lag an der Heer- und Handelsstraße Antsanvia, die die Messestädte Frankfurt und Leipzig verband. Im Laufe der Jahrhunderte hatte die Stadt jedoch mehrfach wegen dieser Lage unter Kriegen und Feldzügen zu leiden. Besondere Lasten mussten die Bürger der Stadt und der umliegenden Dörfer im 30jährigen Krieg und im 19. Jahrhundert tragen. Napoleon zog mit seinem Heer neunmal durch die Stadt. Ein einschneidendes Ereignis der Hünfelder Stadtgeschichte war der »Große Brand von Hünfeld« am 29. Oktober 1888: Der gesamte Stadtkern fiel einem verheerenden Großfeuer zum Opfer. Mehr als zwei Drittel aller Häuser, Scheunen und Wirtschaftsgebäude wurden vernichtet. Bis heute wird das Stadtbild durch dieses Ereignis geprägt. Die für viele Kleinstädte typischen mittelalterlichen Fachwerkbauten fehlen in Hünfeld fast völlig.

Die ehemalige Kreisstadt Hünfeld ist heute das Zentrum des nördlichen Kreises Fulda, des Hessischen Kegelspiels. Die Stadt beherbergt zwei sehenswerte Museen: Das Konrad-Zuse-Museum beschäftigt sich mit der Geschichte und dem Naturraum des Kreises Hünfeld. Eine eigene Abteilung ist dem Leben und Werk Konrad Zuses gewidmet, der von 1957 bis zu seinem Tod 1995 in Hünfeld lebte. Der Computer-Erfinder Zuse entwickelte ab 1934 Rechenanlagen und gründete 1949 die Firma Zuse in Neukirchen (Haunetal). In der Ausstellung sind einige der hier gebauten Computer zu besichtigen, unter anderem die legendäre Rechenmaschine Z 22 von 1958, die als erste mit Röhren- anstatt Relais-Schaltungen arbeitete (www.zuse-museum-huenfeld.de).

Das frühere Gaswerk der Stadt Hünfeld, ein denkmalgeschützter Jugendstilbau aus dem Jahr 1907, beherbergt seit 1990 das „Museum Modern Art". Die umfangreiche Kunstsammlung, die Jürgen Blum in vielen Jahren zusammengetragen hat, überließ er der Stadt Hünfeld als Schenkung. Der besondere Charakter dieser Sammlung ergibt sich daraus, dass sie sich auf konstruktive, konkrete und konzeptuelle sowie reduktive Strömungen in der Kunst konzentriert (www.museum-modern-art.de).

1,1	Weiter Richtung **Kegelspielradweg**
1,2	Beginn des Kegelspielradweges; weiter Richtung **Wenigentaft**
2,4	Kreuzung mit der Landesstraße; Parkplatz weiter Richtung **Wenigentaft**
5	Ostbahnhof Burghaun;
6	Viadukt (siehe Foto)
8,5	Steinbach; weiter Richtung **Wenigentaft**
13,3	Abzweig Leimbach; weiter Richtung **Wenigentaft**

Des Reiches Straße

Eine wichtige Straßenverbindung aus dem Nordosten des Deutschen Reiches an den Rhein, die schon im 8. Jahrhundert genannt wird, führte über Fulda und Hünfeld zur Werra. Man nannte sie Antsanvia, Via Regia, Des Königs Straße und Frankfurt-Leipziger Handelsstraße. Ihrem Verlauf folgt auch der Kegelspielradweg, weswegen man ihr im Raum Großentaft dort eine Gedenktafel gesetzt hat, wo die ehemalige Bahnlinie die alte Straße kreuzte. Sie wurde im 19. Jahrhundert durch einen Straßenneubau ersetzt, der wiederum durch die heutige Bundesstraße ersetzt wurde.

15	Eiterfeld/Leibolz; weiter Richtung **Wenigentaft**
18	Großentaft; weiter Richtung **Wenigentaft**

21,6	Treischfeld; weiter Richtung **Wenigentaft**
25	Abzweig nach Rasdorf/Point Alpha; weiter Richtung **Wenigentaft**

Point Alpha

So nannten während des „Kalten Krieges" die Amerikaner einen der wohl „heißesten" Beobachtungsposten entlang des Eisernen Vorhangs: Hier lagen sich die Westmächte und die Ostmächte auf nur wenigen hundert Metern gegenüber und bewachten die Region, die bei einem Krieg zu einem der ersten Aufmarschgebiete werden würde: Fulda Gap, eine natürliche Senke, das Einfallstor nach Westdeutschland.

Nach der Wende wurde Point Alpha zu einer Gedenkstätte, die es sich lohnt, anzusehen.

Das Museumsareal gliedert sich in den einzig noch erhaltenen ehemaligen Beobachtungsstützpunkt der U.S. Army, in ein Freiluftgelände entlang der ehemaligen Zonengrenze mit authentischen Grenzanlagen und das „Haus auf der Grenze", in dem auf ca. 600 m² Ausstellungsfläche die Einwirkung des Grenzregimes auf Mensch und Natur dargestellt wird; im Dachgeschoss präsentiert das Biosphärenreservat den Themenkreis: „Natur in der Rhön". www.pointalpha.com

Um nach Point Alpha zu gelangen, folgt man am Abzweig den Wegweisern und fährt über Grüsselbach dorthin. Nach der Besichtigung muss man nicht mehr zurück fahren, sondern kann der Route bis zum nächsten Wegweiser an der Landesstraße folgen, der den Weg hinunter in das Tal der Ulster bei **Geisa** aufzeigt. Dort „steigt" man wieder in die Hauptroute ein.

26,4	**Wenigentaft** am Ulstertalradweg; An die Geschichte der drei bis 1952 nach Wenigentaft führenden Bahnlinien erinnern Informationstafeln am ehemaligen Bahnhof in Wenigentaft. Nun weiter Tal aufwärts (rechts) in Richtung **Tann** fahren
28	**Buttlar;** weiter auf der Route **Tipp:** Von Buttlar aus gelangt man auf einem Radweg auf der stillgelegten Industriebahnlinie in sanften Steigungen auf die umliegende Bergkette und zu den Steinbrüchen am Öchsen. Von dort könnte man über Oechsen nach Dermbach zum Feldatal-Radweg fahren.
33	**Geisa;** Seit 817 im Besitz des Klosters Fulda, wird Geisa seit 1265 durch eine Mauer gesichert, die noch heute teilweise erhalten ist. Das Jahr 1302 gilt als erster urkundlicher Nachweis der Stadt. Im heutigen Mittelpunkt befindet sich die im 15. Jahrhundert erbaute Stadtpfarrkirche, die einzige erhaltene Kirche gotischen Stiles im Geisaer Land. Der Marktplatz bildet das prägende Zentrum des Ortes. Schmuckstück und Wahrzeichen ist das Rathaus von 1861, das auf dem Platz eines vermutlich im 17. Jahrhundert errichteten Vorgängers nach einem Brand neu erbaut wurde.

	Weiter auf der Route
35,6	**Schleid**
37,7	**Motzlar**
39,5	Landesgrenze;
41	**Günthers/Schlitzenhausen;** weiter Richtung **Tann**
44	**Tann;** weiter Richtung **Fulda**
	Das Schicksal von Tann war über Jahrhunderte hin immer Grenzschicksal. Früher lag es an der Nahtstelle der Territorien der Bischöfe von Würzburg, der Äbte von Fulda, der hessischen Landgrafen, der Grafen von Henneberg und deren Nachfolger, der Herzöge von Sachsen. So wurde Tann, nachdem es zuerst fuldisch und später Reichsgebiet gewesen war, 1806 bayrisch, dann preußisch und seit 1945 hessisch. Bis zur Wiedervereinigung war Tann Grenzgemeinde zur DDR. Sehenswert sind Stadttor, Stadtbrunnen, Elf-Apostel-Haus, Schlossbrunnen, Sankt-Nikolaus-Kirche, Schlossanlagen der Freiherren von und zu der Tann, Museumsdorf, Naturkundemuseum; Zahlreiche Einkehr- und Übernachtungsmöglichkeiten
46,7	**Mollardshof;** weiter Richtung **Fulda**
47,4	**Neustädtges**
48,8	**Unterrückersbach**
50,8	**Neuschwammbach**
52,7	**Aura,** Milseburgradweg; rechts weiter auf dem Milseburgradweg Richtung **Fulda**
	Wenn man an der Einmündung auf den Milseburgradweg links einbiegt, gelang man nach ca. 2 km nach Hilders.
	Sehenswert in Hilders: Barockkirche und Fränkisches Fachwerk; Freizeitbad Ulsterwelle; Zahlreiche Einkehr- und Übernachtungsmöglichkeiten
54,4	**Eckweisbach;** Links abbiegen und weiter Richtung **Langenberg** Nach ca. 1, 5 km befindet man sich auf der Wasserscheide zwischen Ulster und Nüst. Nun fährt man ein paar hundert Meter auf der kleinen Nebenstraße,

56,5	bis nach rechts ein Waldweg abzweigt. Dort weiter Richtung **Elters**
58,2	**Unterbernhards;** weiter Richtung **Hünfeld**
60,2	**Mahlerts;** weiter Richtung **Hünfeld**
61,4	**Obernüst**
63	**Wallings**
64,1	**Gotthards;** weiter Richtung **Hünfeld**
64,8	**Kermes**
68,3	**Morles;** weiter Richtung **Hünfeld**
70,6	**Rimmels;** weiter Richtung **Hünfeld** *Über die Nüst führt in Rimmels eine erhaltene barocke Brücke von 1752, auf der die Brückenfigur St. Johannes Nepomuk angebracht ist.*
71,7	**Silges;** weiter Richtung **Hünfeld**
75,7	**Mackenzell-Herrnmühle;** weiter Richtung **Hünfeld**
77,7	**Nüst;** weiter Richtung **Hünfeld**
78,4	Bei der Tankstelle an der Bundesstraße; Abzweig des Haunetalradweges; weiter Richtung **Hünfeld**
79,4	**Hünfeld** Bahnüberführung; weiter Richtung **Stadtmitte/Bahnhof**
79,7	Links: Abzweig zum Bahnhof
80	Ende der Tour am Bahnhof in Hünfeld

Im Wald verborgen: Ein Pfeiler des Viaduktes Klausmarbach, über den der Kegelspielradweg verläuft

Sechste Tour:
Mit dem Fahrrad und dem historischen Rhönzügle durch das Streutal

Den vorherigen Kapiteln konnten Sie die traurige Geschichte der Rhöneisenbahnen entnehmen. Außer der Rhönbahn Fulda – Gersfeld, die auch heute noch ihre Verkehrsfunktion voll erfüllt und im Stundentakt das hessische Rhönvorland entlang der Fulda durchquert, fährt tatsächlich in der zentralen Rhön nur noch das Rhönzügle, die Museumsbahn entlang des Flüsschens Streu durch das Fränkische Rhönvorland. Diese Bahnlinie löste 1899 die Postkutsche ab und wurde in den 1970er Jahren eingestellt.

Entlang des Streutal-Radweges: Das Rhönzügle „on Tour"

Doch vielleicht weil Landrat Dr. Steigerwald ein Fan alter Bahnen war, oder wie auch immer: Die Bahnlinie wurde schon 20 Jahre später als Museumsbahn „reaktiviert" und verkehrte zunächst sonntags zwischen Fladungen und Ostheim. Ein paar Jahre später baute man die Strecke wieder auf ihre ursprüngliche Länge aus, sodass das Rhönzügle nun

wieder zwischen der Bahnstation Mellrichstadt an der Bahnlinie Erfurt
– Schweinfurt und dem Heimatbahnhof in Fladungen verkehrte. Als die
Deutsche Bahn die Verbindungsweiche aus ihrem Gleisnetz zur Rhön-
bahn in Mellrichstadt demontieren wollte, erhob sich Protest und die
Weiche blieb. So kommt es nun, dass auch ab und zu andere Muse-
umszüge auf der historischen Strecke nach Fladungen fahren können.
Und sogar die die Erfurter Eisenbahn, die die Lizenz zur Personen-
beförderung zwischen Erfurt und Schweinfurt besitzt, fährt zu Aktions-
tagen im Fränkischen Freilandmuseum mit modernen Triebwagen nach
Fladungen.

Fast auf der gesamten Länge wird die Trasse der alten Bahnlinie vom
Radweg durch das Streutal begleitet. So passt es gut, dass das Rhön-
zügle natürlich auch Fahrräder mitnimmt. Die Kombination Radeln,
Besuch im Fränkischen Freilandmuseum Fladungen und Fahrt mit dem
Zügle lässt sich zwar an einem Tag absolvieren, besser sind allerdings
zwei Tage. Und so beginne ich mit meiner Beschreibung der Tour am
Bahnhof in Mellrichstadt, wohin Sie sicher schon mit der Bahn ange-
reist sind. Vor dem Bahnhof zeigt der Fahrradwegweiser den Weg zum
Radler-Infopunkt, wo der Radwanderweg durch das obere Streutal beginnt. Allerdings muss man sich dann bis nach Stockheim von der Museumsbahn trennen. Wer dies nicht möchte, vielleicht das Rhönzügle in
Aktion filmen möchte, kann auf einem nicht besonders gut ausgebauten Weg entlang der Bahnlinie nach Stockheim fahren: Vom Bahnhof
aus rechts der Straße folgen, durch den Kreisel und an der 2. Ausfahrt
in die Sondheimer Straße, weiter bis zur Ampel. Dort rechts auf die
Meininger Landstraße bis zur Unterführung der Museumsbahn; links
auf den Lohweg und an ihm entlang nach Stockheim. Am Ortsbeginn
von Stockheim auf der beschilderten Route zum Radler-Infopunkt und
weiter Streutal-aufwärts auf dem Radweg.

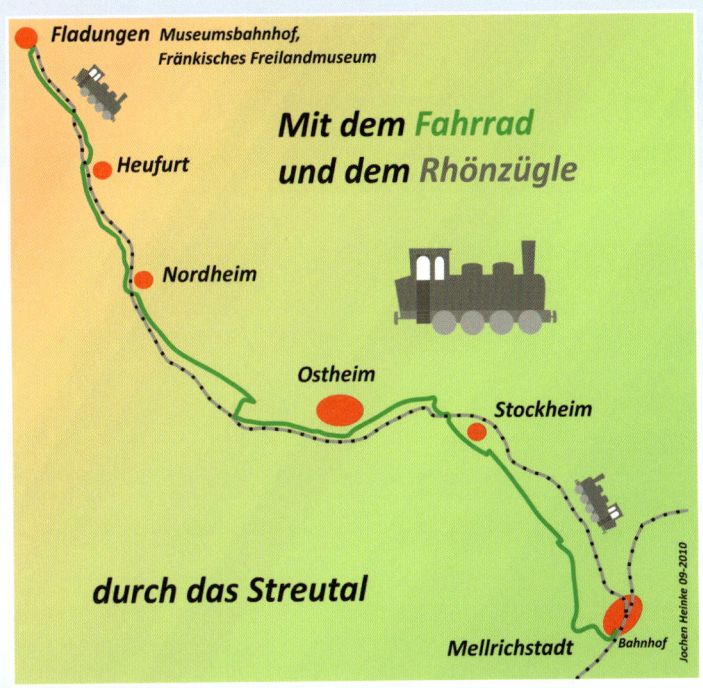

Fladungen Museumsbahnhof,
Fränkisches Freilandmuseum

Heufurt

Nordheim

Ostheim

Stockheim

Mit dem *Fahrrad*
und dem *Rhönzügle*

durch das Streutal

Mellrichstadt *Bahnhof*

Jochen Heinke 09-2010

Alles auf einen Blick

Ausgangspunkt	Bahnhof Mellrichstadt
Streckenlänge	Ca. 20 km
Steigungen	Keine nennenswerten Steigungen: Höhengewinn bis Fladungen ca. 130 m; Wer es allerdings bequemer haben möchte, fährt mit dem Zug nach Fladungen und mit dem Rad zurück
Kategorie	Reizvolle Tagestour; für Familien besonders gut geeignet
Wege	Überwiegend asphaltierte Wirtschaftswege
Karte	Fritsch Radwanderkarte 1: 50.000 Naturpark Rhön; ADFC Regionalkarte Rhön 1: 75.000 Bielefelder Verlag
Einkehr unterwegs	In Stockheim, Ostheim, Nordheim, Fladungen

Übernachtung	Auflistung von Beherbergungsbetrieben auf der Startseite von www.rhoen-active.de und unter www.bettundbike.de
Sehenswert	Mellrichstadt, Fachwerk in Stockheim, Kirchenburg und Orgelbaumuseum in Ostheim, Fachwerk in Nordheim, Ortsbild von Fladungen und Fränkisches Freilandmuseum
Wegweisung	weiß-grüne Schilder mit Ziel- und Entfernungsangaben (s.o.)
Infos	Alle Infos zum Rhönzügle und seinem Fahrplan unter www.freilandmuseum-fladungen.de

Km	Roadbook
0	Bahnhof Mellrichstadt; auf der beschilderten Fahrradroute zum Radler-Infopunkt
0,7	Radler-Infopunkt Streuwiese; weiter bis zur nächsten Kreuzung,
0,95	dort rechts auf die Hainhöfer Straße und der ausgeschilderten **Radroute Richtung Ostheim/Fladungen** folgen
4,8	Infopunkt Stockheim; Wassertretbecken, schöne alte Sandsteinbrücke; weiter auf der beschilderten Route
5,9	Unterquerung der Museumsbahn, die hier auf einer langen Brücke das Streutal überquert
6,2	Die Radroute biegt **hier rechts ab;** wer weiter der Bahn folgen möchte, kann geradeaus weiter fahren und gelangt zum Haltepunkt des Rhönzügle am ehemaligen Ostheimer Bahnhof. Am Lindencafé geht es dann hinunter zur Streu, wo der Radweg verläuft.
8,2	Bahnhofstraße in **Ostheim;** geradeaus ohne Wegweisung in den Ort oder links über die Brücke; die Radroute verläuft direkt neben der Streu weiter flussaufwärts; Sehenswert in Ostheim: Stadtbild, Altes Rathaus, Kirchenburg, Orgelbaumuseum, diverse Adelssitze, Amtshaus, in dem einst J.W. Goethe einige Monate arbeitete; nach der Stadtbesichtigung durch die Torgasse und die Mühlenbrücke zum Radweg, der hier direkt am Fluss entlang läuft
8,9	Auf der Hauptroute: Radler-Infopunkt am Wassertretbecken; weiter **Richtung Fladungen**

13,6	Bahnübergang Nordheim; **geradeaus weiter zum ehemaligen Bahnhof** oder rechts zur Besichtigung des alten Ortes: Sehenswert: Über die alte Nepomukbrücke aus dem 17. Jahrhundert zum alten Rathaus und dem Fachwerkviertel, Kirche mit Gaden und Turm, Fachwerktor an der Streu
13,6	Ehemaliger Bahnhof Nordheim; **weiter der Fahrradroute folgen;** ab Nordheim verläuft der Radweg fast immer unmittelbar neben oder in Sichtweite der Bahnlinie;
17,7	Verzweigung Heufurt; weiter der Fahrradroute folgen
20	Museumsbahnhof und Fränkisches Freilandmuseum Fladungen; **Ende der Tour**

Fladungen (Freilandmuseum, Rhönzügle)

„Easytours" in der Fränkischen Rhön

Heufurt SP

Hausen

Stetten SP

Nordheim SP

Sondheim SP

Jochen Heinke 09-2010

„Easytours" in der Fränkischen Rhön

Touren für Familien mit kleinen Kindern und Senioren

Wie oft habe ich mir diesen Satz schon anhören dürfen: *„Es ist ja etwas anderes, auf dem Main-Radweg zu radeln als in der Rhön."* Klar, stimmt! Doch
wer sagt denn, dass das Radwandern in der Rhön anstrengend und stets mit
der Überwindung größerer Steigungen verbunden sein muss? Nichts gegen
den Main-Radweg, er hat seine eigene Reize. Aber: Hier fahre ich in einer
eher ruhigen Landschaft, hier muss ich nicht ständig irgendwelchen entgegen-
kommenden, meist unachtsamen Fahrradgruppen ausweichen. Und: Nicht
nur auf unseren ehemaligen Bahntrassen fahre ich weitgehend autofrei auf

Asphalt und beinahe topfeben, sondern auch durch das gesamte Streutal von Fladungen bis nach Heustreu sowie von Oberelsbach bis Bad Neustadt durch das wunderschöne Tal der „wilden" Els.

Was dem Main der Wein, ist der Rhön das Bier: Zig Sorten Bier aus fünf Rhöner Privatbrauereien, einem Dorfbrauhaus und einem Museumsbrauhaus kann man hier genießen. Und wenn man es lieber alkoholfrei mag, trinkt man die Ostheimer Bionade oder Mineralwasser aus einer der vielen Rhöner Quellen. Hier findet man familienfreundliche Gasthöfe mit familienfreundlichen Prei-

Im Streutal

sen und kinderfreundliche Pensionen und Ferienwohnungen. Ausgerechnet da, wo es überhaupt nicht vermutet wird, findet man in landschaftlich reizvoller Umgebung einige der leichtesten Touren: In der Oberen Rhön, zwischen Mellrichstadt, Fladungen, Sondheim und Oberelsbach. Hier wurde auch das Radwandernetz besonders eng geknüpft. So lassen sich unterschiedlich kurze Touren planen, so richtig für Familien mit Kindern, weil auch oft an oder in der Nähe der Routen Kinderspielplätze zu finden sind. Und es gibt ausreichend Einkehrmöglichkeiten, die sogar an Werktagen untertags geöffnet haben.

Auf unserer Tour lassen wir uns an allen Knotenpunkten von Fahrradrouten untereinander mit den Ziel- und der jeweiligen Entfernungsangabe leiten. Dazwischen zeigen die ebenfalls weiß-grünen Zwischenwegweiser mit dem Fahrradsymbol und den Richtungspfeilen den Verlauf der Route an. Vor jedem Ort werden wir mit ähnlichen Schildern über den Ortsnamen informiert und am Ortsende sagt man uns, welcher Ort der nächste und wie weit es dorthin ist.

Wir beginnen unsere Beispieltour in Sondheim/Rhön an der Bahrabrücke: zunächst orientieren wir uns am weiß-grünen Pfeilwegweiser mit der Zielangabe: *Fladungen 11 km.*

Schon nach wenigen Metern zweigt rechts an der Poststraße die Route nach *Nordheim 2,5 km* ab. Sie führt aus Sondheim hinaus und danach entlang der Bahra.

Wo der Stettbach und der an den meisten Tagen im Jahr trocken liegende Dörnergraben in die Bahra münden, tobt nach Gewittern oder der Schneeschmelze der Bär: Beide Bäche mögen keine querenden Wege und suchen sich jedes Jahr ihren Weg neu. Dies stets auf Kosten der Fahrradroute, die hier arg in Mitleidenschaft gezogen wird. Deswegen ist hier möglichweise auf ca. 50 m schieben angesagt. Bald darauf geht es wieder asphaltiert nach Nordheim. Am Wegweiser an der nächsten Einmündung geht es rechts *nach Nordheim.*

In Nordheim sollte man es nicht versäumen, das schöne Ensemble von Fachwerkhäusern an der Streu und die alte Nepomukbrücke zu bewundern, vielleicht auch noch einen Abstecher zur katholischen Pfarrkirche (Kirchenburg) zu machen, die reizvoll am Berghang liegt und einen Aufgang besitzt, der sehr an Bilder von Spitzweg erinnert.

An der Bahnüberführung der Museumsbahn nehmen wir nun eine Richtungsänderung vor und fahren mit der Zielangabe *Fladungen 6,5 km* auf dem Streutalradweg dorthin.

Im nächsten Ort, in Heufurt, lohnt es sich mit den Kindern eine Pause auf dem schönen Spielplatz zu machen (ca. 300 m vom Radweg Richtung Gasthof Uhrenwald).

Auf dem Radweg geht es nun von Heufurt nach Fladungen mit seinem Freilandmuseum. Wenn sie nicht unterwegs sind, stehen im Bahnhof die Lokomotiven und Wagen der Museumsbahn, die in der Sommersaison an Sonn- und Feiertagen von Fladungen nach Mellrichstadt fährt, wechselweise mit der alten Dampflok oder mit einer beinahe ebenso alten Diesellok. In Verbindung mit der Museumsbahn gibt es übrigens weitere schöne Ausflugsmöglichkeiten. Eine davon: Mit dem Rhönzügle, das auch Fahrräder mitnimmt, von Mellrichstadt oder Ostheim nach Fladungen und dann auf dem Radwanderweg zurück (10 km bzw. 18 km).

Gleich am Ortsanfang beim Rewemarkt zweigt die weitere Route ab. Auf dem Pfeilwegweiser steht: *Hausen 3,5 km.* Entlang dem Kapellenberg mit seiner dem hl. Gangolf geweihten Kapelle geht es nun auf einem geschotterten Wirtschaftsweg der Hochrhön entgegen.

Nach der Überquerung der Straße bei einem Autohaus und der Durchquerung einer meist trockenen Furt durch den Aschelbach – so heißt der am Schwarzen Moor entspringende Eisgraben mit richtigem Namen – trifft man in der Nähe der Hausener Streuobstwiesen wieder auf den Radfernweg Rhön-

Spielplatz in Stetten

Sinntal, dem man nun Richtung Sondheim bis Stetten folgt. Auch in Stetten gibt es in der Nähe der Route einen sehr schönen Kinderspielplatz. Um zu ihm zu gelangen, folgt man ab der Kreuzung am Ortseingang ca. 150 m der Straße nach Nordheim (Kinder dürfen auf dem Bürgersteig fahren).

Anschließend geht es über den Stettener Dalles mit seiner alles überragenden Linde und dem Dorfgasthaus weiter in Richtung *Sondheim 3,5 km.*

Die Tour endet nach gut 17 km und ca. 180 Höhenmetern wieder in Sondheim/Rhön an der Bahrabrücke.

Eine Abkürzung gibt es in Heufurt, wo man an der Bahn am Wegweiser in *Richtung Hausen* fahren kann und nach ca. 2 km auf den beschilderten Weg nach Stetten trifft.

Alles auf einen Blick

Ausgangspunkt	Sondheim oder alle Orte an der Rundroute
Streckenlänge	Ca. 17 km
Kategorie	Leichte Familientour mit nur geringen Steigungen
Wege	Verlauf überwiegend auf asphaltierten oder wassergebundenen Wirtschaftswegen, kaum Straßen
Karten	Fritsch Radwanderkarte Naturpark Rhön; ADFC Regionalkarte Rhön
Einkehr unterwegs	In fast allen Orten am Weg
Übernachtung	Auflistung von Beherbergungsbetrieben auf der Startseite von www.rhoen-active.de und unter www.bettundbike.de
Wegweisung	weiß-grüne Schilder mit Ziel- und Entfernungsangaben (s.o.)
Fahrradservice	s.o.
Interessantes am Weg	Fladungen: hist. Altstadt, Fränkisches Freilandmuseum, Rhönmuseum, Hochrhönstraße, Schwarzes Moor Nordheim: historische Altstadt Sondheim und Stetten: schöne Fachwerkhäuser

Km	Roadbook
0	Sondheim Brücke über die Bahra; dem Wegweiser **Richtung Fladungen** folgen
0,2	Wegweiser; **weiter nach Nordheim**
1,8	Wegweiser; **weiter nach Nordheim**
2,5	Wegweiser an den Bahngleisen in Nordheim; geradeaus ohne Wegweisung zur Besichtigung des Ortes oder **weiter in Richtung Fladungen**
6,6	Wegweiser Heufurt; weiter in **Richtung Fladungen** oder Abkürzung wie oben beschrieben, dann Richtung Hausen. Oder: Rechts ohne Zeichen abbiegen und zum Spielplatz fahren.
8,6	Rewemarkt Fladungen; weiter zum Freilandmuseum und in die sehenswerte Altstadt
	Wegweiser am Rewemarkt Fladungen; dem Wegweiser **Richtung Hausen** folgen
10,7	Straßenquerung vor Hausen (beim Autohaus); **weiter auf der Fahrradroute.** Oder rechts ohne Fahrradwegweisung in den Ort: Man trifft dort wieder auf eine Fahrradroute, mit der man beim Rathaus vorbei links folgt und an der sehr schönen Kirche vorbei und durch das Streuobstgebiet nach Stetten fährt.
11,6	Verzweigung; links abbiegen
11,8	Verzweigung; weiter **Richtung Oberelsbach** Stetten Straßenkreuzung: **weiter der Route folgen** oder geradeaus weiter zum Kinderspielplatz
13,6	Alte Linden in Stetten; **weiter Richtung Sondheim**
15,9	Wegweiser; links abbiegen und nach **Sondheim** fahren
17,4	Sondheim: Ende der Tour an der Bahrabrücke

„Easytours"-Tourenbausteine

für Mütter und Väter mit Kindern sowie für Senioren auf gut markierten Fahrradrouten und mit nur geringen Steigungen, meist auf Asphalt.

Von	nach	km	Hm
Eußenhausen	Mellrichstadt (Infopunkt)	5	-100
	Stockheim (Infopunkt)	4,5	80
Fladungen (Infopunkt) *Museumsbahnhof, Freiland-museum, Einkehrmöglich-keiten, Schwimmbad und Spielplatz*	Hausen (Rathaus)	3	90
	Heufurt (Abzweig vom Streutalradweg)	2,8	-35
	Stetten (Linde)	5,8	75
Hausen (Rathaus) *Spielplatz am Radfernweg Rhön-Sinntal, Einkehrmög-lichkeiten*	Stetten (Linde)	3	29
	Fladungen Infopunkt (über Radweg)	5	50
	Heufurt (Abzweig vom Streutalradweg)	3	-85
Heufurt Abzweig vom Streutalradweg *Spielplatz abseits der Route, Einkehr*	Hausen (Rathaus)	3	85
	Fladungen (Infopunkt)	2,8	35
	Nordheim (Bahnübergang)	4	-48
Mellrichstadt (Infopunkt) *Spielplatz, Einkehr*	Stockheim (Tretwasserbecken)	4	34
	Eußenhausen	5	100
Nordheim (Bahnübergang) *Spielplatz abseits der Route; Einkehrmöglichkeiten*	Heufurt (Abzweig vom Streutalradweg)	4	48
	Sondheim (alte Bahrabrücke)	2,3	33
	Ostheim (Infopunkt)	4,6	-40
	Stetten (Linde)	3,5	87

Von	nach	km	Hm
Oberelsbach (Infopunkt) *Einkehr, Spielplatz abseits der Route, Infozentrum Haus der Langen Rhön*	Uspringen (Bahraquelle)	3	30
	Unterelsbach	2,3	-50
	Sondernau	3,7	40
Ostheim (Infopunkt) *Spielwiese und Spielplatz am Tretwasserbecken, Einkehr*	Nordheim (Bahnübergang)	4,6	40
	Stockheim (Infopunkt)	3,6	30
Sondheim (Infopunkt) *Einkehr, Spielplatz abseits der Route*	Nordheim (Bahnübergang)	2,3	- 33
	Stetten (Linde)	3,6	60
	Uspringen (Bahraquelle)	2	40
Stetten (Linde) *Einkehr, Spielplatz abseits der Route*	Hausen (Rathaus)	3	70
	Nordheim (Bahnübergang)	3,5	- 87
	Sondheim (alte Bahrabrücke)	3,6	9
	Uspringen (Bahraquelle)	3,7	18
Stockheim (Infopunkt) *Spielwiese, Spielplatz und Tretwasserbecken an der Route, Einkehr*	Eußenhausen	4,5	110
	Mellrichstadt (Infopunkt)	4	8
	Ostheim (Infopunkt)	3,6	30
Uspringen (Kirche) *Einkehr, Spielplatz*	Oberelsbach	3	40
	Sondheim	2	2
	Stetten	3,7	36

Schönwetterland:

Zum Wetter in unserer Region schreibt der Spiegel nach einer neuen Studie (2010): „Schönwetterland - Das Klima von Franken vereint viele Vorteile: Es ist sonnenreich und relativ warm; besonders im Sommer gehört die Gegend zu den sonnigsten in Deutschland. Die Wärme des Tages hält sich dann oft bis spät in den Abend.Es fällt vergleichsweise wenig Regen; selbst Sommergewitter sind oft weniger ergiebig als etwa in Bayern oder im Südwesten der Republik."

Radwanderkarte von 1905

Radwandern historisch:
Eine Radwanderkarte von 1901

Bereits um die Wende vom 19. zum 20. Jahrhundert boomte der Fahrrad-tourismus. 1905 findet sich in Griebens Reiseführer Band 82 „Kleiner Führer durch den Thüringer Wald" unter der Rubrik „Praktische Winke für die Reise" eine Rubrik mit dem Titel „Radfahrtouren":

Radfahrtouren sind im Thüringerwalde wegen der zahlreichen, das Gebirge kreuzenden Chausseen und des dichten Fahrstraßennetzes in den Vorbergen in großer Fülle zu kombinieren. Es ist indessen wegen des oft plötzlichen Niveauwechsels stets größte Vorsicht erforderlich! Die Radfahrstrecken sind bei den Hauptorten unter „Entfernungen" angegeben. Dabei bedeutet (Ch.) Chaussee oder chaussierter Weg.

Auch spezielle Radwanderkarten gab es bereits: Die abgebildete Karte besteht aus acht 10x16 cm großen Einzelkarten, die nach damaliger Machart auf Leinen aufgezogen sind und sich deswegen auch noch heute gut falten lassen. Sie hat den Maßstab 1:300.000. Mittelsbachs Kartenverlag in Leipzig gibt die Auflagehöhen mit rund dreiundzwanzigtausend Exemplaren an. Daraus kann man durchaus schließen, dass es bereits eine starke touristische Nachfrage gab. Blatt 41 beinhaltet den Bereich von Nordthüringen, vom Harz bis zum Kamm des Thüringer Waldes sowie von Eisenach bis Jena. Die „Ausgabe A Straßenprofilkarte" richtet sich speziell an das Informationsbedürfnis der Radler, beinahe so, wie die heutigen Fahrradkarten des ADFC. Neben den Entfernungsangaben zwischen den einzelnen Orten enthält die Karte deswegen auch Angaben zur Oberfläche der Fahrstraßen: Es wird unterschieden in „Chausseen mit gutem Pflaster", solche mit „schlechtem Pflaster, stark ausgefahrenen oder kiesigen Strecken" sowie „gebaute Verbindungswege". Des Weiteren zeigt die Karte auch „untergeordnete Wege" und enthält Warnzeichen zu „gefährlichen Straßenabbiegungen an steilen Hängen". Angaben zur Verkehrsfrequenz hatte man damals noch nicht nötig, denn der motorisierte Straßenverkehr war so gering, dass es etwas Besonderes war, einmal einem Kraftfahrzeug zu begegnen.

Die besondere Eigenheit der „Straßenprofilkarte" ist jedoch, dass die Karte die Höhenprofile der jeweiligen Straßenabschnitte abbildet. Um das zu erreichen, hat man die Höhenangaben am Beginn und Ende des jeweiligen Straßenabschnittes eingetragen und ist bei der Darstellung des Verlaufs der Straßen vom tatsächlichen abgewichen. Man hat einfach das Höhenprofil als Straßenverlauf

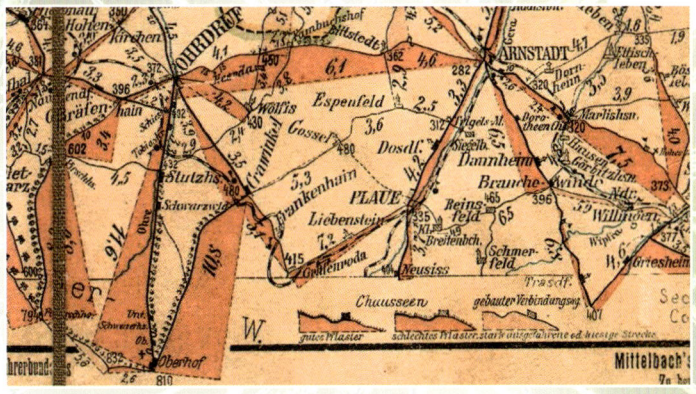

Höhenprofile, eingezeichnet entlang der Straßen

genommen. Am Beginn und Ende der jeweiligen Strecke hat man eine X- und eine Y-Achse angefügt, sodass dadurch für jeden Straßenabschnitt ein Höhenprofil zur Verfügung steht. Oder man hat dort, wo es möglich war, Beginn und Ende direkt miteinander verbunden um kam zu den gleichen Ergebnis. Dies konnte man aus Platzgründen jedoch überwiegend nur bei Chausseen und nur ganz selten für „gebaute Wege" machen. Um die Steigungen in den Höhenprofilen auch ausmessen zu können, enthält die Karte einen speziellen Maßstab für die Höhen.

Blick von der Hochrhön ins weite Land

Immer nur abwärts...

Heidelstein
Basaltsee
Urspringen
Hügelgrab
Oberelsbach
Unterelsbach
Simonshof
Bastheim
Hügelgrab
Mittelstreu
Bischofsheim
Geckenau
Unsleben
Hochrhönbus
< zum Parkplatz Schornhecke
Wechterswinkel
(Ehemaliges Kloster)
Heustreu
Von der Hohen Rhön zur
Fränkischen Saale
Bad Neustadt (Bhf)

Immer nur abwärts (1) – auf dem Elstalradweg von der Hohen Rhön zur Fränkischen Saale

Die Els, oder auch der Elsbach genannt, entspringt auf der Hochrhön am Hang des Heidelsteins, einem der vier höchsten Berge der Rhön. Nachdem sie ihren Weg durch die Wiesen der Langen Rhön gefunden hat, bildet sie eine tief eingeschnittene Schlucht, aus der sie wenige Kilometer vor Oberelsbach wieder „auftaucht". Ab Unterelsbach wird das Tal wieder schmaler. Scheinbar völlig ohne Eingriffe des Menschen mäandert sie in großen Bögen durch das Tal. Mit Bastheim werden die Orte des Besengaus erreicht. Besengau heißt die Gegend deswegen, weil die Leute dort bis vor rund 100 Jahren auch von der Herstellung von Reiserbesen (aus Reisig, das sie im Wald sammelten) lebten, die sie in den umliegenden Städten verkauften. Vorbei geht es am alten Kloster und heutigen Kulturzentrum Wechterswinkel und nahe der Wasserburg von Unsleben mündet die Els dann nach gut 23 km in die Streu.

Auf dem Elstal-Radweg bei Geckenau

Der Beginn der als Fahrradroute markierten Tour ist in Oberelsbach am Haus der Langen Rhön. Wer möchte, kann allerdings auch am Parkplatz Schornhecke auf der Hochrhön in einer Höhe von rund 830 m starten. Der an nur Wochenenden und Feiertagen ab Bahnhof Bad Neustadt verkehrende Hochrhönbus mit Fahrradanhänger hat an der Kreuzung vom Franzosenweg mit der Hochrhönstraße einen Haltepunkt. Wer bereits an der Haltestelle Holzberghof aussteigt und dorthin radelt, wird mit einer wunderschönen Fahrt durch das Naturschutzgebiet entlang am Hang des Heidelsteins belohnt.

Gut 8,5 km lang ist der Weg von der Schornhecke bis zum Oberelsbacher Marktplatz. Allerdings ist die Route nicht als Radweg beschildert, doch ist die Straße wenig befahren und man hat auf dem Franzosenweg kaum eine Chance, anders zu fahren als nach Oberelsbach. Im Ersten Weltkrieg wurde der Franzosenweg, die Überquerung der Langen Rhön von Ost nach West, von Oberelsbach nach Wüstensachsen, von Französischen Kriegsgefangenen gebaut. Mit der Straße wurden auch die Basaltsteinbrüche am „Steinernen Haus" erschlossen.

Alles auf einen Blick

Ausgangspunkt	Mit dem Hochrhönbus ab Bahnhof Bad Neustadt zur Kreuzung Nähe Parkplatz Schornhecke in der Langen Rhön
Streckenlänge	Ca. 31 km
Kategorie	Reizvolle Tagestour mit einer langen Abfahrt am Beginn; ab Oberelsbach bestens geeignet für eine Familientour mit kleinen Kindern
Wege	Bis Oberelsbach Straße, danach asphaltierte Radwege und Feldwege
Karte	Fritsch Radwanderkarte 1: 50.000 Naturpark Rhön; ADFC Regionalkarte Rhön 1: 75.000 Bielefelder Verlag
Einkehr unterwegs	Basaltsee, Oberelsbach, Unterelsbach, Simonshof, Wechterswinkel, Unsleben, Heustreu, Herschfeld, Bad Neustadt
Wegweisung	weiß-grüne Schilder mit Ziel- und Entfernungsangaben (s.o.)
An- und Abreise	**Mit der Bahn:** Nach Bad Neustadt an der Bahnlinie Erfurt – Schweinfurt; weiter an Wochenenden mit dem Hochrhönbus zur Langen Rhön Infos unter: www.hochrhoenbus.de/fahrplan/ **Mit dem Auto:** A 71 (Erfurt – Schweinfurt) Abfahrten Münnerstadt und Bad Neustadt
Kurverwaltung	97616 Bad Neustadt, Tel. 09771-1384, E-Mail: info@tourismus-nes.de, www.tourismus-nes.de

Km Hm	Roadbook
	Abschnitt 1 Hochrhönstraße – Oberelsbach 8,5 km
0 730	Kreuzung Hochrhönstraße, Haltestelle des Hochrhönbusses; Von dort ist ein Abstecher auf den Heidelstein möglich: Auf dem mit einem Mountainbiker markierten Teerweg (Privatstraße) gegenüber der Einfahrt zum Parkplatz Schornhecke. Anstieg ca. 90 hm ca. 1,9 km einfache Wegstrecke;

Die Hochrhönstraße

Vor dem Zweiten Weltkrieg gab es keine zusammenhängende Straße von Bischofsheim nach Fladungen bzw. nach Birx und Frankenheim, denn die Hochrhönstraße wurde erst zu Beginn des Zweiten Weltkrieges gebaut. Die einzelnen Gemeinden unterhielten Wege, die meist kaum befahrbar waren und zur Bewirtschaftung der Heufelder dienten. Erst 1958 wurde mit Mitteln der Landkreise Bad Neustadt und Mellrichstadt die Straße mit einer Teerdecke versehen. Sie ist eine Panoramastraße, von der aus man häufig atemberaubende Blicke, vor allem nach Norden, Osten und Süden hat.

Es geht auf der Straße durch das Naturschutzgebiet Lange Rhön **Richtung Oberelsbach**

Das Naturschutzgebiet Lange Rhön ist eine sehens- und erhaltenswerte Kulturlandschaft mit dem eigenartigen Reiz seiner Hochflächen. Ihm kann sich kaum jemand entziehen. Das „Land der offenen Fernen" ist durch die mittelalterliche Rodung der Laubwälder, die das Gebirge ursprünglich bedeckten, entstanden. Durch die Bewirtschaftung auch der höheren Lagen als Viehweiden wurde eine Wiederbewaldung verhindert und die Rhön so als Kulturlandschaft „offen" gehalten. Die Buche war der typische Rhönbaum, weswegen die Rhön in der Geschichte auch gerne „Buchonia" genannt wird. Die Rhön zählt nicht nur geologisch, sondern auch naturkundlich zu den interessantesten Mittelgebirgen Deutschlands. Über 10% ihrer Fläche sind unter Naturschutz gestellt, ein Anteil, den sonst kein anderes Mittelgebirge erreicht! Naturschutz bedeutet in der Rhön auch, auf den Flächen der Hochrhön dem natürlichen Lauf der Dinge Einhalt zu gebieten, um die durch die Rodungen geschaffene offene Landschaft zu bewahren. Borstgrasrasenwiesen weisen bis zu 72 verschiedene Pflanzenarten auf. Für ihren Erhalt ist die alljährliche Mahd sehr wichtig. Denn mit dem Rückgang der Agrarwirtschaft begannen die Heuwiesen zu verbuschen und sich damit der Charakter der Landschaft zu verändern. Doch nun gibt es die sogenannte Vertragslandwirtschaft. Die Bauern verpflichten sich, ihre Heuwiesen nach den Vorgaben der Naturschutzbehörden zu bewirtschaften. Und was damit nicht erreicht wird, besorgen Rhönschaf und Ziegen durch Beweidung.

Das Offenhalten der Landschaft ist auch besonders wichtig für den Lebensraum des hier seit langem heimischen Birkwildes, dem als Leittierart eine besondere Bedeutung für die Population im größten außeralpinen Naturschutzgebiet Bayerns zukommt. Am Südosthang des Heidelsteins wurde in den letzten Jahren durch Rodung Lebensraum für das Birkwild geschaffen. Da das Birkhuhn äußerst störungsempfindlich ist, ist es wichtig, dass für sein Überleben in der Rhön großflächige Ruhezonen geschaffen und auch vom Besucherverkehr freigehalten werden.

Tourimpressionen

Die Rhön ist arm an Bodenschätzen und hinsichtlich der Landwirtschaft vom Klima benachteiligt. Deswegen erweist sich heute die Landschaft selbst als eigentlicher Reichtum der Rhön. Die Lange Rhön ist ein mit Niederschlag gesegnetes Gebiet, das sich gerne mit Nebel einhüllt. Die vom Meer her kommenden feuchten Luftmassen treffen auf das Hochrhön-Massiv und regnen sich verstärkt auf der Westseite des Gebirges ab. Die Ostrhön liegt demgegenüber im Regenschatten, im Süden gibt es sogar recht trockene Gebiete.

2,3 750	Freistehendes Haus: Rechts Abzweig zum **Basaltsee**

An dieser Stelle befand sich zu Zeiten des Basaltabbaues am Steinernen Meer die Verladestation. Das heute dort noch stehende Haus wird *Rhönfee* oder auch *Rhönhexe* genannt. Dort lebte die Rhönmalerin Bettina Schlanze-Spitze.

Das „Steinerne Meer"

Das Basaltseegebiet, früher „Steinernes Meer" genannt, war eines der schönsten der ganzen Rhön. Hier traten 5 und 6-kantige Basaltsäulen zutage. Leider wurden diese, obwohl im Naturschutzgebiet gelegen, in den 50er Jahren abgebaut und nach Holland zum Bau von Deichen verbracht.

Es sind zwar nur knapp 2 km bis zum Basaltsee, der durch den Basaltabbau entstanden ist, doch der Weg dorthin ist in keinem guten Zustand. Am Basaltsee befindet sich ein Kiosk, im kleinen See kann man baden und an der ehemaligen Steinbruchwand ragen noch heute die typischen kantigen Basaltsäulen aus der Wand.

5,6 550	Abzweig zum knapp 2 km entfernten Schweinfurter Haus (Einkehr, Übernachtung); Schotterweg, leichte Steigungen **Auf der Straße geradeaus weiter**

8,2 404	**Oberelsbach,** **links in die Marktstraße einbiegen und in den Ort fahren**

8,5	**Marktplatz Oberelsbach;** Der Ort ist Sitz der Bayerischen Verwaltung des Biosphärenreservates Rhön und des Naturparks Bayerische Rhön. Direkt an der Route liegt das „Haus der Langen Rhön", ein Informationszentrum, in dem man sich über die Landschaft Rhön und die Aufgaben und Ziele des Biosphärenreservates informieren kann.

Sehenswert:

Am 3. April 1682 wurde der wohl berühmteste Barockkomponist im mainfränkischen Raum, Johann Valentin Rathgeber, in Oberelsbach geboren. Als Sohn des Dorfschulmeisters verbrachte er seine Kinder- und Jugendzeit in Oberelsbach, bis er sich 1701 in der Universität als Studiosus einschrieb. 1707 kam er in das Kloster Banz. Bereits in Würzburg wurde er als „in der Music und anderen Instrumenten erfahren" erwähnt. Von 1707 bis zu seinem Tod im Jahr 1750 wirkte er als Organist und Chorleiter des Klosters Banz in Oberfranken und war hochangesehener und äußerst erfolgreicher Komponist.

Seine erste Veröffentlichung ist 1721 belegt, bis heute sind 485 Werke bekannt.

Seinem Leben und Schaffen ist ein Museum gewidmet. Im Obergeschoss seines Geburtshauses, in dem heute das Erste Deutsche Tabakpfeifenmuseum untergebracht ist, befindet sich die weltweit einzige Komplett-Zusammenstellung der gedruckten Werke, insgesamt 10650 Seiten. Zwei weitere Vitrinen befassen sich mit der Wirkungs- und Rezeptionsgeschichte zu Rathgeber.

Tabakpfeifenmuseum, Valentin-Rathgeber-Museum, Info-Zentrum Haus der Langen Rhön. Darin können Sie sich über das Unesco-Biosphärenreservat Rhön informieren

Tourist-Information: Im Haus der Langen Rhön, Unterelsbacher Straße 4, 97656 Oberelsbach; Tel: 09774-9102-60, E-Mail: touristinfo@oberelsbach.de; www.oberelsbach.de

Essen, Trinken, Schlafen: Gasthof Rhöner Trachtenstuben

Service rund ums Fahrrad: Im OT Ginolfs Fa. Lörzer, Tel. 09774-357

	Abschnitt 2 Oberelsbach – Bad Neustadt 23 km
	Am Parkplatz gegenüber dem Managementzentrum befinden sich die Fahrradwegweiser, die nun den Weg bis nach Bad Neustadt aufzeigen. Neben den weiß-grünen Wegweisern befindet sich auch noch das türkisfarbene Piktogramm des **Elstalradweges** auf den Wegweisern.
	Mit Ziel **Bad Neustadt** biegt man rechts ab und fährt bis
8,9	zur nächsten Kreuzung, wo man links auf den Radweg einbiegt. An einem Sägewerk vorbei geht der Radweg danach entlang der Els nach
11 353	**Unterelsbach;** an der Hauptstraße links, danach gleich rechts und nach der Kreuzung wieder links
11,3	Am Wegweiser mit Ziel **Bad Neustadt** rechts abbiegen und der Route folgen

14,6 311	**Simonshof;** Der der Caritas gehörende Heimathof gewährt Menschen in besonderen Lebenslagen ambulante und stationäre Hilfe durch Versorgung, Beratung und Betreuung mit dem Ziel, ihnen die Teilnahme am Leben in der Gemeinschaft wieder zu ermöglichen. In der dörflich geprägten Lebensgemeinschaft bietet die Einrichtung Unterkunft in kleinen Wohngruppen mit Einzelzimmern und groß- zügigen Gemeinschaftsräumen. Im Simonshof gibt es einen Kiosk, in dem man Getränke und kleine Speisen erhalten kann.
17 285	**Infopunkt Bastheim;** hier kreuzt neben einer Mountainbikestrecke auch die Fahrradroute von Ostheim im Streutal nach Schönau im Brendtal Mit Ziel **Bad Neustadt** geradeaus weiter
18 277	Straßenüberquerung in **Geckenau**
19,2 271	**Infopunkt Wechterswinkel;** das uralte Zisterzienserinnenkloster wurde 2008 zu einem Kulturzentrum umgebaut, in dem regelmäßig Kulturveranstaltungen und Ausstellungen stattfinden.
	Am Infopunkt der Zielangabe **Unsleben** folgen. Die Route führt kurz in den Ort, wo sie bald rechts abbiegt. Geradeaus geht es zum Kloster.
21,6	**Unsleben;** Vor der Ziegelei rechts abbiegen
22,6 246	Einmündung des Elstalradweges auf den Radfernweg Main-Werra. Rechts einbiegend gelangt man nach Bad Neustadt, geradeaus fahrend geht es vorbei am Unslebener Schloss in Richtung Mellrichstadt.
	Auch wenn man der weiteren Routenbeschreibung nach Bad Neustadt folgen möchte, sollte man doch einen Abstecher zum Schloss machen. Es ist zwar in Privatbesitz und deswegen nicht zu besichtigen, doch ist alleine die Außenansicht des uralten Bauwerkes sehr beeindruckend. Das Wasserschloss war einst ein fränkischer Reichsrittersitz. Von einem 1168 erwähnten Geschlecht „von Usleihe kam es 1447 an die Truch- sesse von Wetzhausen und 1571 an die Familie von Spessart. Der Nordflügel geht mit seinem Untergeschoss noch in die romanische Zeit zurück; im frühen 16 Jh. wurden die Obergeschosse in Fachwerk aufgesetzt. Die Ummauerung mit den runden Ecktürmen entstand am Anfang des 17. Jhs., während der Südflügel wie das Schlosstor 1736 erbaut wurde. Die Schlosskapelle im Südostturm wurde vor wenigen Jahren stilvoll restauriert. Die kath. Pfarrkirche im Ort geht auf einen mittelalterlichen Bau zurück, der im Bauernkrieg niederbrannte. Sie enthält eine Holzfigur der „Schmerzhaften Maria" (Rokoko um 1760), Prozessionsstangen mit nachgotischen Leuchterengeln (um 1600) und fünf Epitaphien der Truchsesse von Wetzhausen (16. Jh.)

22,6	Mit Ziel **Heustreu/Bad Neustadt** rechts über die Elsbrücke und vorbei an der Gärtnerei fahren.
23,8 235	Abzweig nach **Wollbach;** weiter geradeaus
25,5 237	**Heustreu;** der Route mit Ziel **Bad Neustadt** durch den Ort folgen
26,4 254	Verzweigung Heustreu; von links kommt nun der Radwanderweg Fränkische Saale hinzu, der an der Quelle bei Alsleben beginnt und über Bad Königshofen im Grabfeld führt. Rechts weiter Richtung **Bad Neustadt**
29,6 230	**Herschfeld;** Straßenunterquerung; weiter auf der linken Straßenseite
29,9	Abzweig zur Bad Neustädter Innenstadt (1,7 km) und zum Infopunkt für Radler (1,2 km Parkplatz Schillerhain); geradeaus weiter geht es zum **Bahnhof**
30,2	Vor dem Kreisel links in den Alten Molkereiweg einbiegen
30,7	**Bahnhof Bad Neustadt,** Ende der Tour; zur Innenstadt sind es nun noch ca. 1,5 km (beschildert)

Bad Neustadt

Die Gründung Bad Neustadts geht bis in die Zeit Kaiser Karls des Großen zurück. Von der Stelle, auf der sich heute die Salzburg erhebt, habe der Sage nach Karl mit seiner geliebten Gattin Fastrada hinunter geblickt auf die Talaue der Saale und beschlossen zum Zeichen ihrer Liebe eine Stadt in Herzform zu bauen.

Heute ist Bad Neustadt eine lebendige Kur- und Urlaubsstadt mit winkeligen Gassen, Türmen und Häusern. Zwischen den historischen Sehenswürdigkeiten gibt es gemütliche Gasthäuser, die zu deftigen Fränkischen und Rhöner Spezialitäten einladen. Mittelpunkt ist der große Marktplatz – ein beliebter Anziehungspunkt für Märkte, Feste und Open-Air-Verstaltungen. Gesäumt wird der Platz von zahlreichen Geschäften, die zum Bummeln und Einkaufen einladen. Neben vielen Freizeitaktivitäten bietet Bad Neustadt mit seinem Herzstück, dem Erlebnis- und Wellnessbad Tria Mare, Spaß und Erholung für Groß und Klein.

Blick auf die Wasserkuppe

Vom Dach der Rhön

Immer nur abwärts (2) – Abfahrt von Hessens höchstem Berg nach Fulda

Der höchste Berg Hessens und zugleich auch der Rhön ist die Wasserkuppe. Sie ist ein beliebtes Ziel und Kulisse für viele Freizeitaktivitäten, vom Segelfliegen und Gleitschirmfliegen bis hin zum Mountainbiking oder Wandern. Radwanderer sieht man dort eher selten, weil der sehr lange Aufstieg auf dem Fuldaradweg von Gersfeld hinauf doch eher anstrengend ist. Abhilfe für Radwanderer bietet auch hier ein Fahrradbus, in diesem Falle der Rhönradbus. In einem auf die Rhönbahn abgestimmten Zweitstundentakt bringt er Radler und Wanderer hinauf auf die Wasserkuppe. Mit ihren vielen Parkmöglichkeiten ist die Wasserkuppe auch gern angefahrenes Ziel für Autofahrer und Omnibusse. Deswegen ist dort auch einiges los, nicht nur an den Wochenenden.

Die Wasserkuppe gilt als die Wiege des Segelfluges in Deutschland. Auch noch heute ist das Plateau ganz vom Fliegen geprägt. Das Gelände beiderseits der Straße wird von den Segelfliegern genutzt: Zum Parken und zum Starten. Seit einigen Jahren wird auf der Wasserkuppe auch das Gleitschirmfliegen praktiziert. Wenn man von der Fuldaquelle 300 m auf dem Fahrradweg hinunter fährt, blickt man auf den Starthang, wo die Gleitschirme wie ein Schwarm bunter Vögel starten und landen.

Auf dem Gipfel befand sich früher eine Radaranlage der Bundeswehr. Die Schirme waren in runden Kuppeln, den Radomen „versteckt". Nach dem Abbau der Radaranlagen blieben die Kuppeln zunächst zurück. Eine von ihnen blieb erhalten und ist heute ein Museum.

Für die Abfahrt von der Wasserkuppe nach Gersfeld stehen den Radlern mehrere Möglichkeiten zur Verfügung, von denen hier drei vorgestellt werden. Allerdings sollte man auf den ersten Kilometern keine sehr hohen Anforderungen an die Fahrbahnqualität stellen.

Alles auf einen Blick

Ausgangspunkt	Bahnhof Fulda oder Bahnhof Gersfeld
Streckenlängen	Variante Obernhausen: ca. 37 km; Variante Rotes Moor: ca. 41 km; Variante Gichenbachtal ca. 44 km
Kategorie	Reizvolle Tagestour mit einer langen Abfahrt am Beginn; ab Gersfeld gut geeignet für eine Familientour mit kleinen Kindern, denn die Strecke wird von der Bahn begleitet
Wege	Feldwege mit wassergebundener Decke, im Fuldatal überwiegend asphaltierte Radwege und Feldwege
Karte	Fritsch Radwanderkarte 1:50.000 Naturpark Rhön; ADFC Regionalkarte Rhön 1:75.000 Bielefelder Verlag
Einkehr unterwegs	Wasserkuppe, Obernhausen, Rodenbach, Gersfeld, Altenfeld, Gichenbach, Hettenhausen, Schmalnau, Lütter, Rönshausen, Welkers, Eichenzell, Bronnzell, Fulda
Wegweisung	weiß-grüne Schilder mit Ziel- und Entfernungsangaben (s.o.)
An- und Abreise	Mit der Bahn (Zweitstundentakt): Nach Gersfeld mit der Rhönbahn, an Sonn- und Feiertagen ab dort mit dem Rhönradbus hinauf zur Wasserkuppe; Bsp: Abfahrt Bhf. Fulda 09.19 Uhr > Ankuft Gersfeld 09.58 Uhr; Abfahrt Rhönradbus in Gersfeld 10.09 < Ankunft auf der Wasserkuppe 10.27 Uhr (Stand 2010)
Informationen	www.rhoen.de

Km Hm	Roadbook
0	Start am Infozentrum Wasserkuppe; es geht am Fahrradwegweiser auf der Straße **Richtung Gersfeld/Obernhausen**
	Variante 1 über Obernhausen
0,9	Fuldaquelle; **rechts Abzweig der Fahrradroute nach Gersfeld;** Bitte Vorsicht: der nachfolgende Weg wird auch von Wanderern genutzt, ist auf einer Länge von ca. 900 m nur geschottert und weist einige Unzulänglichkeiten auf.

2,7	Einmündung auf die Bundesstraße, **hier rechts einbiegen;**
3	Abzweig nach Obernhausen; die Route führt **geradeaus durch den Ort**
3,3	Am Wegweiser **weiter Richtung Gersfeld** Die nachfolgende Strecke ist teilweise asphaltiert oder geschottert und verläuft stets ganz nahe an der Fulda entlang
5,6	Straße nach Sandberg; **geradeaus** auf dem Radweg weiter
6,8	Straße nach Mosbach; **leicht rechts** versetzt auf dem Radweg weiter
7,6	Knotenpunkt Gersfeld; **weiter Richtung Fulda/Bahnhof;**
8	Bahnhof Gersfeld

Am Roten Moor

Variante 2 über das Rote Moor

0	Start am Infozentrum Wasserkuppe; es geht am Fahrradwegweiser auf der Straße Richtung Gersfeld/Obernhausen
0,9	Fuldaquelle; **geradeaus weiter**
1,9	Einmündung auf die Bundesstraße; **gegenüber auf dem Feldweg weiter** (Mountainbikezeichen); der Weg ist nun auf einer Länge von ca. 1,9 km in keinem guten Zustand
3,8	Beginn eines breiteren Weges Der Weg ab der Fuldaquelle ist ein Abschnitt der „Alten Reichsstraße", früher eine Rhön-überquerende Straße aus dem Ulstertal nach Bischofsheim im Brendtal.

4,7	Einmündung des Hessischen Radfernweges R1a; Geradeaus weiter; nach links (R1a) geht es zum Haus am Roten Moor (1 km) und zum Beginn des Moorlehrpfades (300 m)
7,4	Einmündung auf einen Asphaltweg; **rechts abbiegen**
7,7	Parkplatz Schwedenwall; dieser Pass war im Dreißigjährigen Krieg von den Schweden besetzt. Wenige hundert Meter in Richtung Bischofsheim befinden sich noch heute die Schanze und Reste der alten Landwehr. **Geradeaus durch den Parkplatz und am Ende rechts in die bergab führende alte Straße fahren**
8,7	es geht vorbei am Kümmelhof. Am darauffolgenden Wegweiser **weiter Richtung Gersfeld**
9,5	Am Wegweiser **weiter nach Gersfeld;** hier ist der Abzweig der Route durch das Gichenbachtal (Variante 3)
12	Knotenpunkt Gersfeld; **weiter zum Bahnhof**
12,5	Bahnhof Gersfeld

Fortsetzung für beide Varianten

0,4	Bahnhof; die Route führt **links am Bahnhof vorbei**
2,9	Fischzucht; der Weg bis nach Altenfeld gehört zu den schönsten Abschnitten der oberen Fulda
5,9	Altenfeld; im Ort verläuft der R 1 ein kurzes Stück neben der Straße; danach geht es auf einem Schotterweg nach
8,1	Hettenhausen; am Wegweiser **weiter Richtung Fulda**
8,2	am Wegweiser **weiter Richtung Fulda**
10	Wegweiser Schmalnau; am Wegweiser **weiter Richtung Fulda;** Einmündung der Variante Gichenbachtal

Variante Gichenbachtal

0	Start am Infozentrum Wasserkuppe; es geht am Fahrradwegweiser auf der Straße **Richtung Gersfeld/Obernhausen**
0,9	Fuldaquelle; **geradeaus weiter**
1,9	Einmündung auf die Bundesstraße; **gegenüber auf dem Feldweg weiter** (Mountainbikezeichen); der Weg ist nun auf einer Länge von ca. 1,9 km in keinem guten Zustand

3,8	Beginn eines breiteren Weges Der Weg ab der Fuldaquelle ist ein Abschnitt der „Alten Reichsstraße", früher eine Rhön-überquerende Straße aus dem Ulstertal nach Bischofsheim im Brendtal.
4,7	Einmündung des Hessischen Radfernweges R1a; Geradeaus weiter; nach links (R1a) geht es zum Haus am Roten Moor (1 km) und zum Beginn des Moorlehrpfades (300 m)
7,4	Einmündung auf einen Asphaltweg; rechts abbiegen
7,7	Parkplatz Schwedenwall; dieser Pass war im Dreißigjährigen Krieg von den Schweden besetzt. Wenige hundert Meter in Richtung Bischofsheim befinden sich noch heute die Schanze und Reste der alten Landwehr. **Geradeaus durch den Parkplatz und am Ende rechts in die bergab führende alte Straße fahren**
8,7	es geht vorbei am Kümmelhof. Am darauffolgenden Wegweiser **weiter Richtung Gersfeld**
9,5	Am Wegweiser **scharf links** auf dem Aspahltsträßchen **weiter Richtung Rodenbach**
11,4	Dammelhof; **weiter nach Rodenbach**
12	Rodenbach; Kreuzung mit dem R1 von Gersfeld nach Bad Neustadt; weiter geradeaus **Richtung Gichenbach**
12,8	Töpfenmühle; ab hier bis Rengersfeld steigt die Route auf 700 m um 60 hm an
13,5	Rengersfeld; **rechts abbiegen**
15,2	Teufelsgraben; **links weiter** hinunter ins Tal
15,8	Kreisstraße K 66; **rechts auf der Straße weiter**
19,6	Gichenbach
21,7	Abzweig; **links in den Feldweg einbiegen**
23,8	Schmalnau; Abzweig R 2 nach Motten/nach Thalau; **geradeaus weiter Richtung Fulda**
24	Einmündung auf den R 1 von Gersfeld nach Fulda;
	Ab hier weiter auf dem hessischen Radfernweg R 1

	Fortsetzung für alle Varianten
10,4	Überquerung der B 279
12,3	Ried
14,4	Lütter
17,2	Welkers
20,3	Abzweig nach Eichenzell
21,8	Löschenrod
24,2	Fuldabrücke Bronnzell; Ab hier laufen der R1 und der R 2 gemeinsam mit dem R 3 nach Fulda
25,3	Probstei Johannesberg
29,3	Fulda Wiesenmühle (Einkehr); zum Hauptbahnhof dem R 3 folgen

Die Probstei Johannesberg

Durch das Fuldaer Land
zur Haunequelle

Fulda

Immer nur abwärts ....

Wasserkuppe

Giebelrain
Haunequelle

10-2010 Jochen Heinke 97647 Stetten

Durch das Fuldaer Land zur Haunequelle

„Haune heiß ich – die Fulda speis ich – die Weser grüß ich –
zur Nordsee fließ ich"

Einen ganz eigenen Charakter hat das Rhönvorland zwischen Fulda und der Wasserkuppe. Wenn man von Fulda kommend auf das Gebirge zufährt, macht es einen wilden, beinahe schroffen Eindruck. Ganz im Gegensatz dazu die kleinen Erhebungen im Vorland, von den Rhönern liebevoll „Küppel" genannt, von den Geologen „Kuppige Rhön".

Am Westhang des höchsten Berges im Vorland, dem Giebelrain, entspringt das Flüsschen Haune. Ihr Name geht auf das frühmittelalterliche „Hunaha" zurück, was so viel heißt wie „Bergwasser". Die Haune fließt zunächst ein paar Kilometer nach Westen, der Fulda entgegen. Ab Dirlos ändert sie ihre Richtung und fließt, wie auch die Fulda, nach Norden; an dieser Stelle ist die Haune nur fünf Kilometer von der Fulda entfernt.

Auf der ganzen Strecke bis Bad Hersfeld beträgt die Entfernung von der Fulda nun nie mehr als zehn Kilometer, bis sie nach rund 64 km bei Bad Hersfeld in die Fulda mündet.

Die Haunequelle am Berg Giebelrain

Weidende Kühe auf der Mooshecke

Besonders schön ist das Gebiet um den Giebelrain, die Mooshecke. Es ist ein Weidegebiet, das mich - ob der vielen Rinder auf den Weiden und der kleinen Erhebungen - immer ein wenig an das Allgäu erinnert. Die Tour führt über kleine Kuppen nach Friesenhausen und steigt dort auf einem Asphaltweg langsam zur Mooshecke an. Zwischen Weiden und kleinen Wäldchen geht es zur Haunequelle, die romantisch unter großen alten Bäumen liegt, wo es sich auch vortrefflich rasten lässt. Vorbei am Hof Giebelrain und den Weilern Vorder-, Mittel- und Oberreppig geht es nach Dietershausen und zum Dassenrasen mit einer weiteren Rastmöglichkeit mit herrlichem Ausblick an einem Feldkreuz. Das Forsthaus Steinhauck wird passiert, die Autobahn überquert und auf leicht verschlungenen Wegen gelangt man zum Schloss Fasanerie. Über Bronnzell führt die Route zurück nach Fulda.

Alles auf einen Blick

Ausgangspunkt	Hauptbahnhof Fulda
Streckenlänge	ca. 38 km
Kategorie	Mittelschwere Tour mit einigen kurzen und einer längeren Steigung; problemlos zu bewältigen mit einem Pedelec
Wege	Überwiegend asphaltierte Wirtschaftswege; einige kurze Abschnitte wassergebundene Decke
Karte	Fritsch Radwanderkarte Naturpark Rhön; ADFC Regionalkarte Rhön
Einkehr	Friesenhausen, Schloss Fasanerie, Bronnzell
Wegweisung	weiß-grüne Wegweiser (s.o.)

Km	Roadbook
0	**Fulda Hbf.** Sie verlassen den Bahnhof am Ostausgang und **fahren auf der Straße** „An der Richthalle" bis zur nächsten
0,15	Einmündung. Hier biegen Sie rechts **auf den Zieherser Weg** ein und fahren bis
0,85	zur **Petersberger Straße,** die Sie überqueren und dem **Radweg nach links** (bergauf) folgen. Auf ihr geht es bis zur
1,25	**Berliner Straße** (B 27), wo Sie auf den Radweg treffen, dem Sie **nach rechts folgen.** Es geht nun ein paar hundert Meter an der lärmenden Bundesstraße entlang, bis Sie am Knotenpunkt auf die
2,4	Fahrradwegweiser treffen. Dort **folgen** Sie dem **Wegweiser in Richtung Künzell** und unterqueren die B 27. Die Route führt nach Künzell und nach der Querung des Unteren Ortesweges
3	in und durch den Park.
3,3	Wegweiser; Ab hier folgen Sie der jeweiligen **Fernziel-Beschilderung „Hilders"** auf den folgenden Wegweisern
6,4	**Wissels;** die Route führt auf der Straße durch das Dorf; von der nachfolgenden Wisselsroder Kuppe haben Sie eine schöne Aussicht
8,7	**Wisselsrod;** die Route verläuft auf Landwirtschaftswegen vorbei an Dipperz nach Friesenhausen

10,3	Abzweig nach **Dipperz,** weiter **Richtung Hilders**
11,5	Abzweig; weiter **Richtung Hilders**
12,9	Querung der Landesstraße in Friesenhausen; nun geht es hinauf zur **Mooshecke**
15,6	**Dörnbacher Ring; rechts abzweigen Richtung Dietershausen**
15,8	Weiter **Richtung Dietershausen**
16,5	Weiter **Richtung Dietershausen**
17,5	**Links abbiegen zur Haunequelle**
17,8	**Haunequelle; weiter auf der Fahrradroute**
18,2	**Hof Giebelrain**
18,4	**Verzweigung; rechts weiter Richtung Dietershausen**
20,8	L 5259 überqueren und **geradeaus weiter**
21	Knotenpunkt; **links einbiegen**
21,2	Knotenpunkt **rechts einbiegen** und Richtung **Schloss Fasanerie** fahren
21,8	Am Wegweiser weiter Richtung **Schloss Fasanerie** fahren
23,6	Am Wegweiser weiter Richtung **Schloss Fasanerie** fahren
23,6	Steinhauck; Am Wegweiser weiter Richtung **Schloss Fasanerie** fahren
24,2	Forsthaus Steinhauck; **weiter auf der Route**
26,3	Nach der Überquerung der Autobahn A 7 am Wegweiser weiter Richtung **Schloss Fasanerie** fahren
27	Am Wegweiser weiter Richtung **Schloss Fasanerie** fahren
28	Am Wegweiser weiter Richtung **Schloss Fasanerie** fahren
29,1	Am Wegweiser weiter Richtung **Bronnzell** fahren
32	Kreisel Bronnzell; **weiter auf der Fahrradroute**
32,4	Hessische Radfernwege R 1 und R 2; Am Wegweiser **rechts weiter Richtung Fulda**
33,1	Am Wegweiser **links Richtung Fulda-Zentrum;** die Route nach Hünfeld/Fulda-Bhf. verläuft entlang der B 27

33,4	nach Überquerung der Fulda kommt der Hessische Rfw R 3 hinzu; **rechts auf den Radfernwegen R 1, R 2 und R 3 weiter Richtung Fulda**
34,6	Probstei Johannesberg; **weiter auf den Radfernwegen** bis zur
38,5	Wiesenmühle; **Ende der Tour;** zum Bahnhof dem R3 in Richtung Tann folgen

Auf dem Haunetalradweg

Bei Wissels

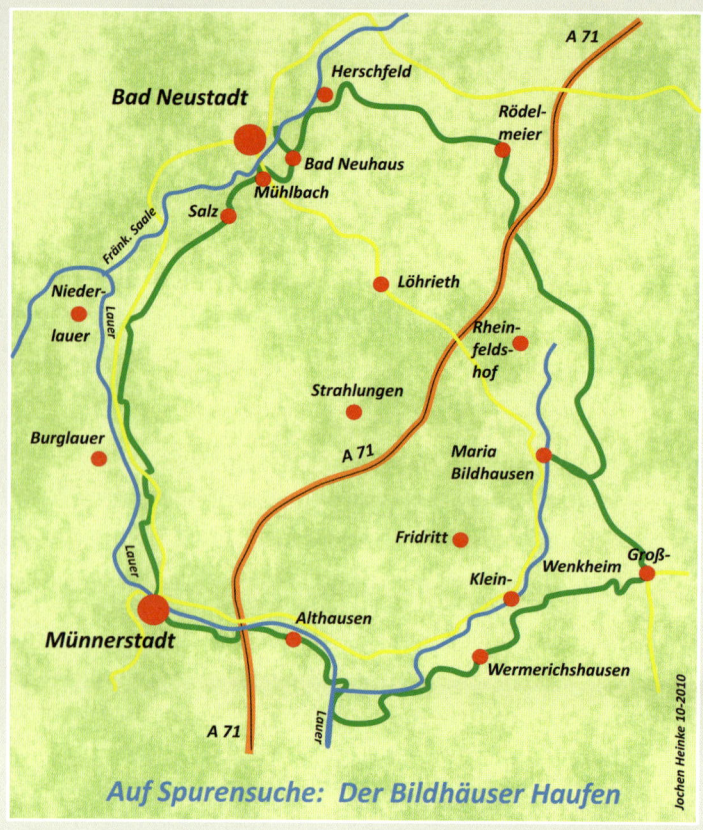

Auf Spurensuche: Der Bildhäuser Haufen

Auf Spurensuche – Der Bildhäuser Haufen

*Im Norden des Hochstifts Würzburg, zwischen dem Fuldaischen, Henneber-
gischen und Thüringischen, ließ sich am 9. April (1525) die Trommel des
Aufstandes hören. Aus einem Wirtshaus zu Münnerstadt zogen sie aus, an-
fangs nur eine kleine Zahl, einen Trommelschläger voran. Durch die nächsten
Orte, in den ersten Tagen mit geringem Zuwachs. Desto größeren hatten sie
in der Stadt. Hans Schnabel, der Schreinermeister, führte den Vorsitz. Er er-
schien mit einer Schar Bürger am 12. April vor dem Bürgermeister. Sie wollten
draußen das Kloster Bildhausen, unweit der Saale, einnehmen, sagte er. Es
waren ihrer dreihundert in Waffen. Der Bürgermeister konnte einreden, was
er wollte, sie zogen hinaus und setzten sich in dem Kloster.*

(Wilhelm Zimmermann: Der große Deutsche Bauernkrieg)

Auch die heute so friedliche Gegend um Bad Neustadt und Münnerstadt wurde im 16. Jahrhundert nicht von den Wirren des Bauernkrieges verschont. Von Münnerstadt aus begann der Aufstand der hiesigen Bauern, die das reiche Kloster Maria Bildhausen besetzten und von dort aus agierten. Der würzburgische Keller (Verwalter) von Münnerstadt schrieb am 11. April 1525 an seinen Landesherrn, den Fürstbischof Konrad von Thüngen, über diese Ereignisse. Sein Brief schloss mit den Worten: „so sitzen der amptmann und ich, wissen selbst nit wie oder was."

Die Aufständischen von Münnerstadt gingen in die Geschichte als der „Bildhäuser Haufen" ein. Ihre Rebellion büßten sie nach der Niederschlagung im Juni 1525 mit den damals üblichen Strafen: Vierteilen, Augenausstechen, Spießen und Köpfen.

Unsere besonders gut für E-Bikes (Pedelecs) geeignete Rundtour führt uns zu zwei Schauplätzen des Aufstandes: Kloster Maria Bildhausen und Münnerstadt.

Alles auf einen Blick

Ausgangspunkt	Bad Neustadt Parkplatz am Busbahnhof (Nähe Schwimmbad Triamare) **Alternativ:** Am Bahnhof; von dort zum Radler-Infopunkt radeln (beschildert)
Streckenlänge	Ca. 30 km
Höhendifferenzen	Ca. 300 m kumuliert
Kategorie	Leichte Fahrradtour mit einigen kurzen Steigungen; gut geeignet für die Tour mit einem E-Bike (Pedelec)
Wege	asphaltiert, teils geschottert
Karte	Fritsch Radwanderkarte Rhön 1:50.000
Interessantes am Weg	Kurpark von Bad Neustadt; Kloster Maria Bildhausen aus dem Jahre 1154; Die Salzburg aus dem Jahre 1161, eine der schönsten Burgenanlagen in Deutschland; Bad Neustadts Altstadt, die Karmelitenkirche (1352) ehemals Teil eines Klosters, die Martinskirche in Brend aus dem 9. Jahrhundert; Erlebnisbad Triamare in Bad Neustadt; in Münnerstadt die gesamte Altstadt, die Stadtpfarrkirche mit dem Riemenschneideraltar,

Einkehr	Maria Bildhausen und Münnerstadt
Informationen	Tourismus und Stadtmarketing Bad Neustadt GmbH, Löhriether Str. 2, 97616 Bad Neustadt; Tel. 09771-1384, Fax 09771-99 11 58, www.tourismus-nes.de
Fahrradservice	Radsport Raab, Saalestraße, Tel. 09771-2570 Wolf Bike & Play, Saalestraße 24, Tel. 09771-2213
E-Bike-Verleih und Akku-Wechselstation	Wolf Bike&Play (s.o.); Hotel Schwan und Post, Bad Neustadt, Nähe Hohntor

Km	Roadbook
0	Start am **Parkplatz Busbahnhof;** von dort fahren Sie zur Stadthalle, wo Sie auf den Fahrradwegweiser treffen, dem Sie **Richtung Radler-Infopunkt** bzw. **Marktplatz** folgen.
0,6	Marktplatz; **weiter Richtung Radler-Infopunkt**
1	Radler-Infopunkt am Parkplatz Schillerhain; von dort folgen Sie der Ausschilderung der Fahrradroute **Richtung Bad Kissingen/Münnerstadt.** Es geht zunächst über die Brücke der Fränkischen Saale zum
1,6	**Kurviertel;** Dort treffen Sie auf den nächsten Fahrradwegweiser und folgen ihm in **Richtung Rödelmeier/Herschfeld**
3	**Herschfeld; weiter der ausgeschildeten Route folgen;** am Ortsende steigt die Route leicht an.
6	**Rödelmeier;** Die Fahrradroute führt durch den Ort und verlässt ihn auf der **Reinfeldhöfer Straße; danach weiter auf der Kreisstraße** bis zu einer Rechtskurve, in der die
8,8	Route **links in einen Parkplatz am Waldrand** abbiegt. Von dort fährt man weiter durch den schönen Mischwald.
10,9	Am Fahrradwegweiser weiter **Richtung Maria Bildhausen** fahren. Hier erinnert ein Bildstock an 125 Tote aus den Kriegswirren der Jahre 1795/1796. Es geht an einem Golfplatz vorbei zum
12,7	**Rindhof** an der Kreisstraße KG11; Am Fahrradwegweiser **Richtung Maria-Bildhausen rechts einbiegen**
13,6	**Kloster Maria Bildhausen.** Das Radwanderzeichen führt in das Klostergelände hinein. Nach der Besichtigung oder Einkehr **zurück zum Rindhof.**

Das Kloster Maria-Bildhausen

Das der Heiligen Maria geweihte Kloster der Zisterzienser wurde 1156 durch Hermann von Stahleck, Pfalzgraf bei Rhein, gestiftet und 1158 von Mönchen aus dem Kloster Ebrach im Steigerwald besiedelt. Im deutschen Bauernkrieg brachte der sogenannte Bildhäuser Haufen, der regionale Zusammenschluss aufständischer Bauern und Bürger, der Abtei Verwüstung und Plünderung. Zwischen 1552 und 1555, im so genannten Zweiten Markgrafenkrieg, erlitt das Kloster weitere Schäden an seinem Vermögen und an den Gebäuden. Der dritte Einbruch war der Dreißigjährige Krieg. Im 17. und 18. Jahrhundert fanden Wiederaufbauarbeiten statt, die der Klosteranlage im Wesentlichen ihr heutiges Gesicht verliehen. Das Kloster wurde 1803 im Zuge der Säkularisation aufgelöst. 1826 wurden die Kirche, der Kreuzgang, die Torkapelle und der Gästebau abgerissen. 1929 errichteten Schwestern der St. Josefskongregation eine Behinderteneinrichtung.

14,4	Ab dem Wegweiser nach **Großwenkheim** fahren.
16,6	Großwenkheim; Am Wegweiser **weiter Richtung Münnerstadt**
18,6	Wegweiser vor **Kleinwenkheim; weiter Richtung Münnerstadt**
20,7	**Wermerichshausen; weiter Richtung Münnerstadt**
21,6	Tierheim **Waningsmühle**
23,1	Kläranlage; **weiter Richtung Münnerstadt**
25,6	**Althausen; weiter auf der Fahrradroute**
28	**Münnerstadt,** Anger, hier beginnt man am besten mit der Stadtrundfahrt.

Münnerstadt wurde urkundlich erstmals 770 erwähnt. Die Stadtrechte besitzt es seit dem 14. Jahrhundert. Das Stadtbild wird hauptsächlich von zwei Bauten geprägt: Von der **Stadtpfarrkirche** und von der alten Befestigung mit dem oberen Stadttor, dem Wahrzeichen des Ortes. Für Kunstliebhaber ist die Stadtpfarrkirche mit ihrer wertvollen Ausstattung ein Muss. Viele sehr schöne Fachwerkgebäude bilden den Stadtkern. Und außen herum die vollständig erhaltene Stadtmauer, errichtet bis 1251, die ursprünglich eine größere Zahl von kleinen Mauertürmen besaß. Das 35 m hohe **Obere Tor** wurde Mitte des 13. Jahrhunderts erbaut. Im Obergeschoss befand sich früher die Türmerswohnung. Das **Jörgentor** wurde bereits um 1250 erbaut. Der **Bildhäuser Hof** ist der älteste Gebäudekomplex der Stadt und war ursprünglich ein Patrizierhof. 1405 wurde er zur Stadtniederlassung des Zisterzienserklosters Maria Bildhausen. Das spätgotische **Rathaus** wurde um 1469 errichtet und besaß im Erdgeschoss früher eine offene Markthalle.

Über den Anger, den früheren Viehmarkt, gelangt man zur **Stadtpfarr-kirche,** die im 12. /13. Jahrhundert errichtet wurde. Aus dieser Zeit noch erhalten ist das Westportal im Erdgeschoss des Westturmes. Im Innern befinden sich eine Kapelle mit Ölberg (um 1430), der gotische Chor (1428 – 1446) mit prächtigen Glasfenstern (um 1420), vier Tafelgemälde um 1504 von Veit Stoß, 16 Zunftstangen aus dem 16. – 18. Jahrhundert, Apostelfiguren aus Ton (um 1420). Der Magdalenenaltar von Tilman Riemenschneider (1490/92) war im Laufe der Jahrhunderte zerlegt und in Einzelteilen verkauft worden, weswegen heute neben den Original-teilen auch Rekonstruktionen zu sehen sind. Die Stadt war einst Sitz der Deutschordensritter. Im Deutschherrnhaus befindet sich heute das **Hennebergmuseum** mit Exponaten aus den Bereichen Kunst und Brauchtum.

28	Am Anger wird die Fahrt in **Richtung Bad Neustadt** fortgesetzt. Es geht zur Hauptstraße, wo man rechts einbiegt und auf der Straße aus dem Ort hinaus fährt.
28,7	Ampelgeregelte Kreuzung: **geradeaus über die Kreuzung**
28,9	**Links in das Industriegebiet** (Untere Au). Am Ende der Straße setzt sich die Route als Feldweg fort.
31	**Park&Ride-Platz Burglauer; weiter Richtung Bad Neustadt**
33,5	Industriegebiet **Niederlauer; weiter Richtung Bad Neustadt**
36,3	Knotenpunkt bei der Kirche in **Salz; weiter Richtung NES-Radler-Infopunkt**
37,3	Knotenpunkt; **weiter Richtung NES-Radler-Infopunkt**
37,7	**Mühlbach**
38,2	**Kurhaus**
39	Infopunkt Parkplatz Schillerhain, **weiter zur Innenstadt**
39,5	Marktplatz; **weiter Richtung Salz**
39,8	Stadthalle; **weiter Richtung Salz**
40	Busbahnhof, Ende der Tour

Zentrum von **Bad Neustadt** ist der Marktplatz mit vielen Gelegenheiten, einzukaufen und zu rasten. Mit einer Fläche von 0,6 Hektar erstreckt er sich trapezförmig zur Stadtpfarrkirche. In früherer Zeit war er ein wichtiges Viehhandelszentrum. Sogar noch 1900 kam man an Markttagen auf 6000 Rinder! Sehenswert ist auch die Karmelitenkirche, die sich fast unscheinbar zwischen Rathaus und Amtsgericht verbirgt.

Die mittelalterliche Stadtmauer ist noch heute rundum erhalten. Auf 1,5 Kilometern Länge umgibt sie die Altstadt. Besonders hervorzuheben sind das Hohntor und die drei schlanken Wehrtürme der Stadtmauer. Sie wurden damals als zusätzlicher Schutz benötigt, um die gefährdete Seite der Stadtmauer abzusichern. Das 34 Meter hohe Hohntor ist das Wahrzeichen von Bad Neustadt. Sein Name leitet sich vom mitteldeutschen „Einhegung" her. Es wurde in den Jahren 1578/79 im Auftrag von Fürstbischof Julius Echter errichtet. Auf der Außenseite des Hohntors begrüßt über der Durchfahrt eine barocke Kiliansfigur den Ankömmling.

Oberhalb des Stadtteils Neuhaus thront die Salzburg, die heute ein wenig verdeckt wird durch die Bauten des Rhönklinikums. Die gewaltige Ganerbenburg – in ihren Mauern befinden sich mehrere Einzelburgen – gehört zu den größten Burgen Deutschlands. Sie wurde oft umgebaut, jedoch nie zerstört und ist heute noch in ihrer ganzen Gestalt zu bewundern. Vor dem 12. Jahrhundert hatte die Burg die Eigenschaft einer Fliehburg, wurde danach durch Würzburger Fürstbischöfe als Verwaltungssitz für den anliegenden Salzgau ausgebaut.

Das Hohntor in Bad Neustadt

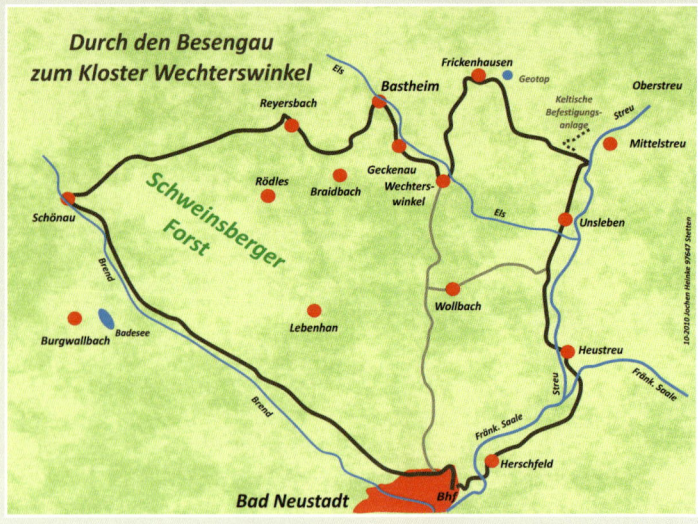

Durch den Besengau
zum Kloster Wechterswinkel

Durch den Besengau
zum Kloster Wechterswinkel

Eine vielfältige Rad-Kultur-Tour: Es geht durch den Schweinsberger Forst, einst Teil des historischen Salzforstes, in den Besengau, der seinen Namen davon hat, dass die Bewohner der kleinen Orte ihr Geld mit der Herstellung und dem Verkauf von Reiserbesen verdienten, die sie auf den Märkten im Rhein-Main-Gebiet und in Würzburg und Schweinfurt verkauften. Weiter zum ehemaligen Frauenkloster Wechterswinkel, heute ein Ort für Konzerte und Ausstellungen. Und zum Einkehren, denn während der Ausstellungsperioden gibt es an den Wochenenden im romantischen Klosterhof Kaffee, Kuchen und Getränke. Über den Nonnenpfad fährt man nach Frickenhausen mit seinem gleichnamigen See, einem der schönsten Geotope Bayerns. Bevor man in das Tal der Streu gelangt, hat man noch die Möglichkeit zu einem kurzen Abstecher zum Eiersberg, einem der wichtigsten archäologischen Fundorte in Nordbayern aus der Keltenzeit. Schon auf dem Weg nach Bad Neustadt liegt Unsleben mit seinem Wasserschloss.

Das mittelalterliche Wasserschloss Unsleben

Alles auf einen Blick

Ausgangspunkt	Bahnhof Bad Neustadt
Streckenlänge	Ca. 38 km
Kategorie	Wegen einiger Steigungen mittelschwere Tour; leicht zu bewältigen mit einem Pedelec
Wege	Überwiegend asphaltierte Wirtschaftswege; einige Abschnitte auf Schotter
Karte	Fritsch Radwanderkarte Naturpark Rhön; ADFC Regionalkarte Rhön
Einkehr unterwegs	Schönau, Reyersbach, Wechterswinkel, Frickenhausen, Unsleben, Heustreu
Übernachtung	Auflistung von Beherbergungsbetrieben auf der Startseite von www.rhoen-active.de und unter www.bettundbike.de
Wegweisung	weiß-grüne Schilder mit Ziel- und Entfernungsangaben (s.o.);

Km	Roadbook
0	Bahnhof Bad Neustadt; der Zielangabe **„Oberelsbach"** folgen
0,4	Am Wegweiser weiter **Richtung Oberelsbach**
0,7	Straßenquerung; auf der gegenüber liegenden Seite **links auf den Radweg** einbiegen
1,3	Am Wegweiser links auf den alten Bahnweg einbiegen und in Richtung **„Brendtal-Radweg"** fahren
1,9	Am Wegweiser geradeaus weiter **Richtung Bischofsheim**
2,1	Am Wegweiser geradeaus weiter **Richtung Bischofsheim**
3	Querung der Hauptstraße; **gegenüber weiter auf dem Radweg**
8,1	Wegweiser Kollertshof; **geradeaus weiter Richtung Bischofsheim**
	Ca. 2 km Richtung Burgwallbach zum Badesee (Einkehr)
11,6	Wegweiser Schönau; **rechts weiter in Richtung Bastheim**
	Links einbiegen: Vor der Kirche befindet sich das Denkmal des Erfinders des Rhönrades; ganz praktisch unterhalb der Kirche: Das Dorfbrauhaus
16,8	Reyersbach; **rechts in die Straße „Am Wassertor" einbiegen** und weiter der Radroutenbeschilderung folgen
17,7	Querung der Kreisstraße
19,8	Infopunkt Bastheim; **rechts weiter Richtung Wechterswinkel fahren**
21	Straßenquerung Geckenau; **geradeaus weiter**
22,1	Knotenpunkt Wechterswinkel; am **Wegweiser links weiter in Richtung Frickenhausen**
22,5	Eingang zum Kloster Wechterswinkel
	Das **Frauenkloster Wechterswinkel** wurde vermutlich um das Jahr 1140 vom damaligen Würzburger Bischof gegründet. Schon bald gelangte die Ordensniederlassung zu hoher Blüte, Tochtergründungen erfolgten (u. a. 1147 Ichtershausen, 1218 Schmerlenbach), 1231 zählte der Konvent über 100 Nonnen. Im 14. Jh. hatte das Kloster Besitzungen und Einkünfte in 150 verschiedenen Ortschaften der weiten Umgebung. Von den Schäden des Bauernkriegs und Markgräflerkriegs im 16. Jh. konnte sich das Kloster nicht mehr erholen: Fürstbischof Julius Echter hob es 1592 auf. Die ehem. Klosterkirche und heutige katholische Pfarrkirche, eine romanische Basilika, wurde 1179 geweiht.

Bei Umbaumaßnahmen 1811 verschwanden Vorhalle, Turm und Krypta, das Langhaus wurde um ein Drittel verkürzt. Von ehemals drei Chorapsiden steht noch eine. Über dem schlichten Rundbogenportal der West-Seite sind drei romanische Reliefkreuze eingelassen. Der barocke Hochaltar (um 1680) stammt aus Kloster Bildhausen; die Seitenaltäre sind etwas jünger (südlich um 1690, nördlich um 1720).

Die Klostergebäude: Der 1472 errichtete Konventbau verlor durch spätere Umbauten völlig seinen klösterlichen Charakter. Ab dem 17. Jahrhundert diente er als Getreidespeicher. Heute finden im ehemaligen Kloster auf drei Ebenen kulturelle Veranstaltungen statt.

In der Galerie des Erdgeschosses wird zeitgenössische Kunst ausgestellt. Einen Schwerpunkt bildet hierbei die Bildhauerei. Im Festsaal darüber finden Konzerte, Lesungen, literarische Abende und Theater statt. Er dient auch offiziellen Anlässen, Empfängen und Ehrungen.

Im zweiten Obergeschoss präsentiert sich die museale Einrichtung, die die Geschichte des Klosters Wechterswinkel näher beleuchtet.

Das historische Ensemble mit Innenhof ist darüber hinaus Kulisse für kunsthandwerkliche Märkte, kulinarische Events und Open-Air-Veranstaltungen.

Geöffnet: Sa., So. und feiertags von 13:00 bis 17:00 Uhr

www.kloster-wechterswinkel-kultur.de

22,6	Nach Überquerung der Staatsstraße links weiter
24,6	Knotenpunkt Frickenhausen; rechts auf der Straße weiter Richtung Mittelstreu
25,5	Frickenhäuser See (Baden, Am Wochenende Einkehrmöglichkeit); **weiter auf der Straße**
	Das Geotop Frickenhäuser See ist ein im nördlichen Unterfranken einmaliges Naturdenkmal: Durch das Zusammenspiel von Erddynamik, Gestein und Wasser im Verlauf der Erdgeschichte bildete sich hier durch Auslaugungsvorgänge im Untergrund ein sogenannter „Erdfall See", dessen Entstehung als einziger in der Region nicht vom Menschen beeinflusst wurde. Der fast kreisrunde See hat keinen Abfluss, hat einen Umfang von 380 Metern und eine maximale Tiefe von 28 Metern.
28	Vor der Bahnunterführung: nach links ca. 1 km Abstecher zum Keltenwall am Eiersberg
	Auf dem Plateau des Berges am östlichen Steilhang zur Streu hin gelegen, befand sich ab der frühen Eisenzeit eine Höhensiedlung. Nach Norden hin schützt ein steiles Tälchen die Anlage, an der Südseite zum Plateau hin ist noch heute die Befestigung, ein 130 m langer und bis zu 2 m hoher Wall, zu erkennen. Im ca. 13.000 m² großen Innenraum wurden

	bei den Ausgrabungen Spuren von ehemaligen Häusern - Wohnbauten und Speicherbauten - entdeckt. Die Anlage gehört zu den umfassend untersuchtesten Geländedenkmälern der Eisenzeit Unterfrankens.
	An der Infotafel vor dem Gelände ist Näheres über die Ausgrabungen nachzulesen.
28,2	Am Wegweiser rechts weiter **Richtung Bad Neustadt**
29,6	Unsleben: auf der Straße bis zur Ortsmitte, links durch die Schlossgasse Abstecher zum Wasserschloss; oder geradeaus weiter auf der Hauptstraße
	Das Wasserschloss von Unsleben ist ein typischer fränkischer Reichsrittersitz. Der Nordflügel geht mit seinem Untergeschoss noch in die romanische Zeit zurück; im frühen 16 Jh. wurden die Obergeschosse in Fachwerk aufgesetzt. Die Ummauerung mit den runden Ecktürmen entstand am Anfang des 17. Jhds., während der Südflügel und das Schlosstor 1736 erbaut wurde. Die Schlosskapelle im Südostturm wurde vor wenigen Jahren stilvoll restauriert. Das Schloss ist bewohnt und nicht zu besichtigen.
29,9	Linksseitig Beginn eines Radweges
31	**Geradeaus weiter Richtung Bad Neustadt**
32,8	Knotenpunkt Heustreu; **rechts weiter Richtung Bad Neustadt**
33,6	Infopunkt Saaletal; am Wegweiser **rechts weiter Richtung Bad Neustadt**
36,3	Herschfeld; **weiter der Wegweisung folgen**
36,9	Unterquerung der Hauptstraße; **weiter der Wegweisung folgen**
38	Bad Neustadt; Ende der Tour am Bahnhof; die Fahrradroute zur Innenstadt ist ausgeschildert (ca. 1 km)

Rhöner Weinradeltour
im Tal der Fränkischen Saale

Eine der ältesten Nennungen von Weinbau in Deutschland ist die von Hammelburg, wo in einer Schenkungsurkunde aus dem Jahre 777 auch Weinberge aufgeführt werden: „...all unser Eigenthum, das zu Hamalumburc an der Saale im Saalgau liegt, ohne Unterschied sowohl das ganze Hofgut als den dazugehörigen Grundbesitz in Eschenbach, Diebach und Erthal, soviel wir in den vorbezeichneten Ortenbesitzen an Grundstücken, Häusern, Gebäuden, Hintersassen, Knechten, Weinbergen, Wäldern, Äckern, Wiesen, stehenden und fließenden Gewässern, beweglichem und unbeweglichem Gute, alles und jegliches, dem eingangs genannten heiligen Ort zu erwigen Besitz".

Gasthaus in Sulzthal

So lautet die Schenkungsurkunde Karls des Großen über das Königsgut Hammelburg an das Kloster Fulda vom 7. Januar 777. Sie gilt als das älteste Zeugnis des Fränkischen Weinbaus.

Neben Hammelburg wird in fast allen Orten entlang der Fränkischen Saale und den Seitentälern bis wenige Kilometer vor Bad Kissingen Wein angebaut. Am bekanntesten sind neben dem Hammelburger Schlossberg die Weine aus der Lage Ramsthaler St. Klausen, die in den letzten Jahren bei den Weinprämierungen stets unter den besten zu finden sind.

Eine Weintour sollte nicht zu lange und zu beschwerlich sein und man sollte nach der Weinprobe möglichst auch ohne Auto nach Hause fahren können. Deswegen beginnt diese Tour auch am Eisenbahnknotenpunkt Ebenhausen, wo sich zu jeder Stunde die Züge aus Richtung Meiningen, aus Würzburg/Schweinfurt und aus Aschaffenburg/Gemünden/Hammelburg ein Stelldichein geben. Die Rückfahrt per Bahn ist also, wohin auch immer, mit dem „Kissinger Stern" gesichert.

Weinradeltour

Aura

Elfershausen

Bhf

Trimberg

Trim-
burg

Westheim

Bhf

Trimberg

Hammelburg

Bhf

Langendorf

Machthilds-
hausen

Schloss
Saaleck

Fuchsstadt

Aura

| Fahrradroute |
| Eisenbahn |
| Fränkische Saale |

Wirmsthal

Oerlenbach

Bhf

Bhf

Euerdorf

Ramsthal

Bhf

Sulzthal

Ebenhausen

Jochen Heinke 09-2010

im Tal der Fränkischen Saale

Alles auf einen Blick

Ausgangspunkt	Bahnknotenpunkt Ebenhausen LK Bad Kissingen
Streckenlänge	Ca. 38 km
Kategorie	Reizvolle Tagestour
Wege	Überwiegend asphaltiert, selten kurze Abschnitte mit wassergebundener Decke
Karte	Fritsch Radwanderkarte 1: 50.000 Naturpark Rhön; ADFC Regionalkarte Rhön 1: 75.000 Bielefelder Verlag
Einkehr unterwegs	Ramsthal, Euerbach, Elfershausen, Trimberg, Hammelburg
Übernachtung	Auflistung von Beherbergungsbetrieben auf der Startseite von www.rhoen-active.de und unter www.bettundbike.de
Sehenswert	Trimburg, Hammelburg, Schloss Saaleck
Wegweisung	weiß-grüne Schilder mit Ziel- und Entfernungsangaben (s.o.)

Km	Roadbook
0	Vor dem Bahnhof befindet sich ein Fahrradwegweiser. Man folgt ihm in Richtung **Schweinfurt/Kronungen** und fährt zur
0,6	Ortsmitte von Ebenhausen und folgt dort dem Wegweiser weiter Richtung **Bad Kissingen/Arnshausen**
5,3	Am Wegweiser weiter Richtung **Bad Kissingen/Ramsthal**
5,4	Am Wegweiser weiter Richtung **Sulztal/Ramsthal**
6,4	Am Wegweiser weiter Richtung **Sulztal/Ramsthal**
8,4	Die Route führt auf einem asphaltierten Weg vorbei am Verkehrsgarten und erreicht bei 384 m Höhe beim **Knückelein** den höchsten Punkt der Tour. Das **Knückelein** ist eine kleine basaltige Erhebung und ein grandioser Aussichtspunkt direkt neben dem Weg. Von dort blickt man in alle Himmelsrichtungen: Auf die Rhön, zum Thüringer Wald, auf die Haßberge und Schweinfurt, den Steigerwald und zum Gramschatzer Wald, hinter dem die Stadt Würzburg liegt.
8,7	Weiter am Wegweiser mit Ziel **Euerdorf / Ramsthal.** Nach einer schönen Abfahrt auf einem Asphaltweg kommt man zum oberen Dorfende des Straßendorfes Ramsthal.

Das Weinanbaugebiet Fränkische Saale

Mit Ramsthal wird der erste Weinort im Anbaugebiet Fränkische Saale erreicht. Alle 11 Einzellagen im Anbaugebiet auf insgesamt ca. 134 ha gehören zu der Großlage **Burg,** die nach der Burg bzw. dem Schloss Saaleck oberhalb von Hammelburg benannt ist. Die Großlage erstreckt sich von Wirmsthal im Norden bis nach Hammelburg im Süden. Die Einzellagen liegen z. T. im Tal der Fränkischen Saale, aber auch in den Seitentälern westlich und östlich davon.

Das Saaletal ist landschaftlich reich gegliedert und geprägt durch zahlreiche kleinere Anbauflächen für den Weinbau, die von meist kleinen Winzerbetrieben und viele Nebenerwerbswinzern bearbeitet werden, die ihre Trauben an die Genossenschaften abliefern. Es liegt im Übergangsbereich vom Buntsandstein zum Muschelkalk. Während die Tallagen überwiegend von den Verwitterungsböden des Oberen Buntsandsteins geprägt sind, befinden sich viele Weinhänge auf der geologischen Formation des Unteren Muschelkalks - auch Wellenkalk genannt. Die klimatischen Bedingungen sind vom Einfluss der Südrhön geprägt; die Temperaturen liegen unter dem fränkischen Durchschnitt. Spät- und Frühfröste sind gefürchtet, die Vegetationsphase ist im nördlichsten fränkischen Anbaugebiet kürzer.

Ramsthal liegt knapp 4 km vom Saaletal entfernt in einem östlich abzweigenden Seitental windgeschützt im Talkessel und wird umrahmt von steilen, sommerheißen Kalkhängen, deren Böden dem Ramsthaler Wein seinen markanten Charakter verleihen. Schon seit 1122 wird in Ramsthal Wein angebaut. Eine Urkunde besagt, dass die Mönche des Klosters Aura (im Tal der Fränkischen Saale gelegen) für 20 Pfund Silber ein Gut mit Weinbergen in Ramsthal erwarben. Eine Parzelle in den Weingärten war für den Unterhalt der Kirche (St. Nikolaus) bestimmt, weswegen die Weinlage St. Klausen heißt. Die Einzellage Ramthaler St. Klausen liegt in einem Talkessel, der sich nördlich des Ortes erstreckt und in den man etwa aus der Mitte des langestreckten Ortes blickt. Nach Süden hin ist Ramsthal von einem dichten Waldgürtel umgeben.

Informationen zum Weinanbau

Die Reben wachsen in einer Höhe von 280 – 360 m.
Gl Burg; El Ramsthaler St. Klausen 50 ha, Muschelkalk, steil, SO+S+SW; Der Name der Weinlage St. Klausen geht auf den Patron St. Nikolaus zurück.
Die Reben: u.a. Silvaner, Müller-Thurgau, Bacchus, Rieslaner, Scheurebe, Kerner, Grauer Burgunder, Weißer Burgunder, Dornfelder Domina, Regent

Weinbau und Heckenwirtschaften in 97729 Ramsthal
◆ *Weingut Baldauf, Hauptstraße 42, Tel. 09704-1595, www.baldaufwein.de, weingutbaldauf@t-online.de*

♦ Weinstube „Romsler Schoppehäusle", Fuchs und Menz, Hauptstraße 8, Tel. 09704-1387,
♦ Weinbau Neder, Heckenwirtschaft im urigen Gewölbekeller, Hauptstraße 6, Tel. 09704-1851, www.weinbau-keller.de, info@weinbau-keller.de

| 10,4 | Ramsthal; **es geht durch den Ort.** Ca 1,5 km danach zweigt rechts die Fahrradroute nach Wirmsthal ab |

Abstecher nach Wirmsthal

Der zu Euerdorf gehördende kleine Weinort liegt knapp 2 km entfernt, die Weinberge auf dem Weg dorthin links der Straße. Es sind die nördlichsten durch Betriebe bewirtschafteten Weinberge Frankens. Der Name der Lage Scheinberg soll sich von der freien Fläche ableiten, die bei der Kultivierung für die Reben freigelegt wurde.

Informationen zum Weinbau

Gl Burg; El Scheinberg, Muschelkalk: 8 ha, steil, Süd

♦ *Weinbau und Heckenwirtschaft in 97717 Wirmsthal: Kurt Brand, Kiesweg 2, Tel. 09704/ 842*

| 12,8 | Abzweig zum Weinort Sulzthal, dessen Weinlage Schlangenberg sich rechts der Straße am Hang des gleichnamigen Berges „entlang schlängelt". |

Informationen zum Weinbau in Sulzthal

Gl Burg El Schlangenberg Muschelkalk und Buntsandstein, 5 ha, steil, SW+SO

Euerdorf Die Weinradelroute führt geradewegs durch den schönen Marktflecken und am Ende nahe des Radler-Infopunktes auf den Radwanderweg Fränkische Saale.

Euerdorf wird als Urithorpe in einer Schenkungsurkunde des Herzogs Hedan II. von Thüringen an den heiligen Willibrord erstmals im Jahre 716 genannt. Der Ort lag im Grenzgebiet zwischen den mittelalterlichen „Großmächten" Henneberg und dem Erzbistum Würzburg. Seit 1430 besitzt Euerdorf das Marktrecht. 1494 wird die Willibrords-Kapelle auf dem Friedhof der Gemeinde urkundlich erwähnt. 1573-1617 wurde der Marktflecken mit einer Ringmauer mit drei Toren umgeben. Davon sind noch heute Teile der Mauer mit einem Wehrturm und dem oberen Torhaus erhalten. Die heutige Ringstraße folgt dem Verlauf dieser Mauer. Die katholische Pfarrkirche St. Johann Baptist stammt von 1602. Nach einem Brand am 15. September 1872 wurde sie im spätgotischen Stil wieder aufgebaut und in den Jahren 1974 bis 1977 erweitert. Euerdorf ist Station an der Fränkischen Saaletalbahn.

Abstecher nach Bad Kissingen

Nur wenige Kilometer den Fluss aufwärts von Euerdorf liegt das Staatsbad Kissingen. Seine Kurgeschichte reicht bis ins Jahr 1520 zurück. Durch die Förderung der Wittelsbacher entwickelte sich der Kurbetrieb ab 1814 rasant und bereits 1883 wurde der Ort zum Kurbad erhoben und ist fortan eines der bedeutendsten Kurbäder in Deutschland. Kaiserinnen und Könige erholten sich hier und auch heute noch ist es der Hauch von königlicher Sommerfrische, der hier durch Kurhäuser, Theater, Gärten oder Festsäle weht. Nach dem deutschen Reichskanzler von Bismarck, der sich hier im 19. Jahrhundert aufhielt, ist eine der Heilquellen benannt. Die bekanntesten Baumeister verschiedener Epochen schufen den noch heute vollständig erhaltenen Stadtkern und die einzelnen Sehenswürdigkeiten. Noch heute ist Bad Kissingen so mondän wie eh und je und besonders durch kulturelle Veranstaltungen wie den Kissinger Sommer mit klassischen Konzerten beliebt.

Interessant in Bad Kissingen:
Kurpark und Kuranlagen, Regentenbau, Arkadenbau, Heilbadelandschaft, KissSalisTherme, Historischer Spaziergang

Infos: Kurverwaltung, Am Kurgarten 1, 97688 Bad Kissingen, Kostenfreie Hotline: 0800-9768800, www.badkissingen.de

14,5		Abzweig nach Bad Kissingen am Radler Infopunkt: Der beschilderte und mit einem blauen Piktogramm versehene Radwanderweg Fränkische Saale führt dort zur Ludwigsbrücke, von wo aus man zur Innenstadt gelangt. (Radfahren im Kurpark nicht erlaubt) *Hin und zurück ca. 14 km*
		Am Infopunkt in Euerdorf biegt die Radroute **links ab** und folgt dem Zeichen des Radwanderweges Fränkische Saale flussabwärts. Die Zielangabe **Gemünden** und das blaue Logo des Radwanderweges Fränkische Saale gelten nun als Wegweiser für den Rest der Route bis nach Hammelburg

Bei Euerdorf weitet sich das ab Bad Kissingen enge Saaletal zu einem breiten Kessel, in dem die Fränkische Saale nun ausgiebig Platz hat, sich in großen Mäandern von Talseite zu Talseite zu schlängeln. Doch zunächst geht es entlang einer großen Saaleschleife nach

17,7	**Aura; weiter Richtung Gemünden**

Zwischen 1108 und 1113 gründete Bischof Otto der Heilige in Aura das Benediktinerkloster „Uraugia", dessen Kirche im Jahr 1113 geweiht wurde. Der „Auraer Haufen" vertrieb im Bauernkrieg von 1525 die Mönche und brandschatzte die Klostergebäude. Wieder hergestellt und 1532 erneut geweiht, wurde das Kloster bereits 1553 im Markgräflerkrieg wieder schwer beschädigt.

Obwohl im 17. und 18. Jahrhundert stark verändert, bildet die Kirche St. Laurentius das wichtigste Baudenkmal der Romanik im Saaletal. Einst handelte es sich um eine basilikale Anlage mit einem sechsjochigen Langhaus und stilistischen Bezügen zur Hirsauer Schule. Die ehemalige Benediktiner-Klosterkirche, eine dreischiffige, flachgedeckte Pfeilerbasilika, dient jetzt als katholische Pfarrkirche. Von den Klostergebäuden ist heute fast nur noch die aus romanischer Zeit stammende Umfassungsmauer erhalten. Am Aufgang zur Kirche rekonstruierte man 1874 sechs Bogenstellungen des alten Kreuzganges. Der heutige Kirchturm wurde zur Julius-Echter-Zeit über dem Ostjoch des nördlichen Seitenschiffs erbaut. Die Altarausstattung ist Barock (1720/30), Kanzel und Chorgestühl stammen aus dem späten 17. Jhd. Die acht großen Heiligengemälde im Mittelschiff entstanden im frühen 18. Jh. Eine der Holzfiguren, ein spätgotischer St. Urban, stammt vom Ende des 15. Jhds.

Es geht durch den Ort und auf dem Trimburger Weg weiter, der gleichnamigen, hoch über dem Saaletal liegenden **Trimburg** entgegen.

30,3 Am Abzweig kann man direkt zur ca. 4 km entfernten Burg (teilweise Schotter, steil) und von dort weiter nach Trimberg fahren. Bequemer ist es, wenn man weiter dem Saaletalradweg nach Trimberg folgt.

22,1 **Trimberg;** Das Dorf liegt am Fuße der Trimburg und war einst die zur Burg gehörende Siedlung von Bauern und Handwerkern. Die katholische Kirche St. Elisabeth in Trimberg ist ein Barockbau des 18. Jahrhunderts. Kunsthistorisch bedeutungsvoll ist der Hochaltar, der einst in der Salinenkirche von Bad Kissingen gestanden hat.

Gl Burg; El Schlossberg, Muschelkalk, 2 ha, steil, Süd

Die Trimburg besteht eigentlich aus drei Burgen, von denen die mittlere wohl die am besten erhaltenste ist. Besitzer waren ursprünglich die Herren von Trimberg, die zu dem Geschlecht der Henneberger gehörten. Sie hatte in früheren Jahrhunderten eine große Bedeutung, denn die Henneberger waren im Streit zwischen Fulda und Würzburg das Zünglein an der Waage. 1279 gelangte die Trimburg an das Hochstift Würzburg, als Konrad III. von Trimberg und seine Gemahlin Adelheid ihren weltlichen Besitz der Kirche schenkten, um ihr Leben in klösterlicher Gemeinschaft zu führen. Sie wurde danach Sitz eines Gerichtes und Verwaltungsamtes. Nach dem Dreißigjährigen Krieg wurde der Festungscharakter aufgegeben. Im Zuge der Säkularisation kam die Trimburg in die Hände des Königreiches Bayern. Auf Abbruch verkauft, holte man sich zunächst auf der Trimburg Bausteine, machte sie somit zur heutigen Ruine.

Süßkind von Trimberg
Süßkind von Trimberg war ein deutscher Dichter und Minnesänger aus der zweiten Hälfte des 13. Jahrhunderts. Biografische Spuren sind von

ihm kaum erhalten, ein Aufenthalt am Hofe des Bischofs von Würzburg wird vermutet. Unter Süßkinds Namen sind im **Codex Manesse,** der Großen Heidelberger Liederhandschrift, zwölf Sangesprüche in sechs Tönen überliefert.

Ob er jemals auf der Trimburg lebte und ob er, wie sein Name vermuten lässt, Jude war, wird kontrovers diskutiert. Versuche, Süßkind urkundlich nachzuweisen, sind ergebnislos geblieben, doch den Namen Süßkind konnte im 13. Jahrhundert nur ein Jude tragen und die Herkunftsbezeichnung von Trimberg (westlich von Bad Kissingen) passt zur mitteldeutschen Schreibsprache der Strophen.

Die Trimburg ist an jedem Sonntag von Anfang Mai bis Ende Oktober geöffnet und bewirtschaftet.

Weiter mit Ziel **Gemünden** nach

Elfershausen

"Adalfrideshusen" wurde das Dorf in seiner ersten urkundlichen Erwähnung im Jahr 820 genannt. Es gehörte lange Zeit zum Hochstift Würzburg und wurde von ihm an die verschiedenen Adelsgeschlechter wie die von Erthal, Fischborn und von Hutten vergeben. Das ehemalige Schloss der Herren von Erthal aus dem 16. Jahrhundert dient heute als Rathaus und der Verwaltungsgemeinschaft. Der zweigeschossige Barockbau hat oberhalb der Freitreppe ein schönes Portal mit dem Ehewappen Erthal-Rosenberg und eine Bauinschrift.

24

Die Weinberge der Lage Schlossberg liegen an den steilen Hängen rechts der Fränkischen Saale jenseits der Autobahn

Informationen zum Weinbau
Gl Burg; El Schlossberg Muschelkalk , 2 ha, steil, Süd
♦ *Weinbau und Heckenwirtschaft in 97725 Elfershausen*
Hümmle, Schwarze Gasse 4, Tel. 0 97 04 / 71 17

Die Radroute führt nun auf einer alten, aus dem 17. Jahrhundert stammenden Steinbrücke über die Fränkische Saale weiter nach

26,5 **Langendorf**

Abstecher nach Machthildshausen

In Langendorf zweigt eine Route zu dem kleinen Ort **Machthilds-hausen** ab. Er zählt zu den ältesten Ortsgründungen an der Fränkischen Saale und ist eng an die steilen Muschelkalkhänge angelehnt, an denen sich heute Obstgärten befinden. Die eindrucksvollen Natursteinmauern zeugen davon, dass hier schon lange Wein angebaut wird. Die Weinberge der Lage Sommerleite liegen an der Südseite des Ortes in einer steilen, windgeschützten Klinge.

Die Pfarrkirche St. Jakobus mit ihrem gotischen Echter-Turm wurde auch durch die riesige Fledermauspopulation im Dachboden bekannt. Getrennt durch die B 287 vom Dorf liegt der Friedhof mit der Kreuzkapelle von 1730. Ein weiteres sehenswertes Baudenkmal ist das im Jahre 1488 in spätgotischem Fachwerk erbaute „Schreinersch-Haus", eines der ältesten Bauernhäuser Bayerns, in dem heute ein Heimatmuseum untergebracht ist.

Informationen zum Weinbau
Gl Burg; El Sommerleite, Muschelkalk, 1 ha, hängig, Süd
Rebsorten: u.a. Müller Thurgau, Silvaner
Hin und zurück ca. 4 km

In **Westheim,** urkundlich 777 erstmals erwähnt, ist noch heute der Besitzstreit zwischen den Bischöfen von Würzburg und den Äbten von Fulda sichtbar: 1508 wurde vertraglich festgelegt: „Das Dorf Westheim soll halb wuerzburgisch, halb fuldisch seyn".

Das Handelsgeleit
Im Dorf steht noch heute der Geleitstein, der die Grenze markiert, an dem das Fuldische Geleit vom Würzburger Geleit übernommen wurde. Das im Mittelalter wegen der Unsicherheit auf den Reichsstraßen entstandene **Geleit** betraf insbeondere den Transport von Waren zu Messen. Es wurde gegen Zahlung eines Geleitsgeldes von den jeweilgen Besitzeren der Straßen ausgeübt. Bewaffnete Reiter ritten mit den Handelszügen und schützten sie vor Überfällen. An den Grenzen der Hoheitsgebiete wurde das Geleit an die Geleitsreiter des anderen Herrschers übergeben. Dies galt auch für das sogenannte Fürstengeleit.
www.unterwegs-auf-alten-strassen.de

Informationen zum Weinbau
Gl Burg; El Längberg Muschelkalk und toniger Lehm, 6 ha, hängig, Süd.
El Altenberg Muschelkalk, 2 ha, steil, Süd. Rebsorten wie Hammelburg

Die Route führt etwas im Zickzack durch den Ort und danach entlang des steilen Ofenthaler Berges mit den Weinbergen **Westheimer Längberg** und *Hammelburger Heroldsberg.*

Abstecher nach Fuchsstadt (Hin und zurück ca. 4 km)
Nach der Überquerung der Fränkischen Saale gelangt man zu dem Abzweig einer Fahrradroute nach Fuchsstadt. Der Weg zum kleinen Weinort, der jenseits der Fränkischen Saale liegt, führt vorbei an den mächtigen Parabolantennen der Erdfunkstelle Fuchsstadt. Gegen Ende der 1970er Jahre wurde neben den in Raisting und Usingen gelegenen Analgen eine weitere Erdfunkstelle notwendig. Die Deutsche Bundespost begann deswegen 1980 in Fuchsstadt mit den Vorbereitungen für den Bau einer weiteren Anlage.

Die Erdfunkstelle Fuchsstadt dient als Bodenstation für die Kommunikation mit Nachrichtensatelliten und ermöglicht unter anderem satellitengestützte Telefongespräche, Internet-Verbindungen und Fernsehsendungen. Bis in die 1990er Jahre war Fuchsstadt ein bedeutender Knotenpunkt des weltweiten Kommunikationsnetzes; diese Bedeutung ist allerdings verloren gegangen, weil inzwischen der überwiegende Teil des kontinentalen und interkontinentalen Nachrichtenaustauschs über Glasfaserkabel abgewickelt wird.

Auch in Fuchsstadt wird in der Weinlage Rubenhöll noch vereinzelt Weinbau betrieben.

Informationen zum Weinbau
Gl Burg; El Rubenhöll Muschelkalk, 3 ha, steil, S+SW+SO

Weiter auf dem Radweg entlang der Fränkischen Saale. Noch ein paar Kilometer durch die Flussaue, eine weitere Überquerung der Fränkischen Saale und die Route führt direkt in die

31,5	Hammelburger Altstadt mit dem Marktplatz.

Hammelburg wird erstmals am 18. April 716 als „Hamulo Castellum" urkundlich genannt. Das sich zu dieser Zeit in herzoglichem Besitz befindliche Castell lag äußerst verkehrsgünstig an der Furt einer der wichtigsten Nord-Süd-Verbindungen, die über Fulda nach Würzburg führte und der damals schon mit Kähnen befahrbaren Fränkischen Saale. Aus fränkischem Besitz schenkte Karl der Große Hammelburg mit seiner gesamten Gemarkung der Stiftung des Hl. Bonifatius in Fulda (s.o.). Da 741 die Martinskirche Hammelburg von Karlmann dem Bistum Würzburg überlassen worden war, gehörte Hammelburg nun kirchlich zum Bistum Würzburg und besitzrechtlich zum Kloster Fulda, was in der Folge zu einigen Auseinandersetzungen führte. Die Frühzeit der Stadt war deshalb geprägt von Auseinandersetzungen mit den damaligen Großmächten Kloster Fulda und Bistum Würzburg und als dritter Macht den Hennebergern. Im 12. Jh. erbaute Fulda auf dem gegenüberliegenden Saaleufer zum Schutz Hammelburgs die Burg Saaleck, die besonders zur Kontrolle der von den Hennebergern errichteten Trimburg diente. 1234 gelang es Würzburg, den Hennebergern die Trimburg zu entwinden. Fulda beantwortete dieses Näherrücken des alten Gegners mit der Befestigung Hammelburgs und dem stärkeren Ausbau von Saaleck. Die alte Befestigungsanlage, die mit Mauern und Gräben die Stadt umschloss, hatte nun drei Tortürme (Weiher-, Ober- und Niederturm) und elf Wehrtürme. Aus dieser Zeit sind noch der Hüter-, Mönchs- und Baderturm, ein Teil der südlichen Stadtmauer und der Schlossweiher erhalten.

Die Fuldaer Äbte förderten den Weinbau von Anfang an und so blühte Hammelburg zunehmend auf. Die Stadt erhob von den Bürgern Abgaben in Form von Wein, handelte selbst damit und betrieb eigene Weinschenken.

Der mächtige Keller unter dem Rathaus zeugt von einstigem Wohlstand und wirtschaftlicher Blüte im Mittelalter. Noch heute unterhält Hammelburg ein eigenes Weingut mit Weinkellerei, die von Schloss Saaleck aus bewirtschaftet werden. Das Kellereischloss Hammelburg, auch Rotes Schloss genannt, wurde 1726–1731 unter Adolf von Dalberg (Fürstabt von Fulda 1726–1737) nach Plänen seines Fuldaer Hofarchitekten Andrea Gallasini auf den Grundmauern eines großen Kellereigebäudes als Sommerresidenz gebaut. Denn als Zentrum des Weinbaues des Klosters Fulda brauchte man ausreichende Kellerkapazitäten.

Eines der wenigen Gebäude in Hammelburg das 1854 vom Stadtbrand verschont blieb, ist die Herrenmühle, in der das Stadtmuseum mit der Dauerausstellung „Brot und Wein" untergebracht ist. Auf drei Stockwerken vermitteln originalgetreue Inszenierungen, Geräte und Mobiliar ein anschauliches Bild dieser Lebensbereiche.

Im Bereich der südlichen Stadtmauer findet man Grünanlagen, Blumenbeete und Bänke. Neben dem Mönchsturm, im Volksmund auch Storchen- oder Hexenturm genannt, einst Teil der wehrhaften Stadtbefestigung, steht die moderne Bronzeskulptur „Romeo und Julia" des belgischen Künstlers Luk Van Soom.

Infos: Tourist-Info, Kirchgasse 4, 97762 Hammelburg, 09732-902 430
www.hammelburg.de/tourismus.html

Informationen zum Weinbau

Gl Burg; El Saalecker Schlossberg (Muschelkalk , 15 ha, hängig, SW) El Heroldsberg (Muschelkalk, 22 ha, hängig-steil, O+W+S) El Trautlestal (Muschelkalk, 30 ha, hängig, S+SW), El Feuerthaler Kreuz (Muschelkalk, 5 ha, steil, Ost), Westheimer Längberg (Muschelkalk und toniger Lehm, 6 ha, hängig, Süd)

Rebsorten: u. a. Bacchus, Kerner, Grauburgunder, Merzling, Müller-Thurgau, Optima, Ortega, Perle, Riesling, Silvaner, Weißburgunder, Domina, Dornfelder, Schwarzriesling, Spätburgunder

♦ *Häckerstube, Weinverkauf und Weinprobe: Städt. Weinkellerei Hammelburg, Am Marktplatz 1*

♦ *Winzerkeller Hammelburg, Kirchgasse 4*

♦ *Weinbau Peter Plewe, Dalbergstr. 14, Tel. 09732/3147; www.biolandweingutplewe.de: Heckenwirtschaft Mitte August bis Mitte Oktober*

♦ *Weinbau Thomas Müller, Winzergasse 6, Tel. 09732/3816; Heckenwirtschaft jedes Jahr im September/ Oktober*

♦ *Weinbau Christiana Ruppert,Obere Stadtmauer 15, www.weinbau-ruppert.de*

♦ *Weinbau Eilingsfeld, Kissinger Straße 31, www.weinland-franken.de/ hammelburg/eilingsfeld*

	Die Tour wird am Marktplatz fortgesetzt. Man folgt der Auschilderung für Radler **Untereschenbach/Schloss Saaleck,** fährt über die lange Saalebrücke, quert die Kreuzung mit der Bundesstraße an der Ampel und nimmt den 2 km langen Anstieg mit 100 Hm zum Schloss Saaleck in Angriff.
34,3	**Schloss Saaleck** ist eigentlich eine Burg, die aber schon seit dem 14. Jahrhundert „Schloss" genannt wird. Hier hat man nicht nur eine tolle Aussicht: Man kann auch im Schlossrestaurant einkehren und dort die Schloss Saalecker Weine verkosten. Die Gebäude waren seit ihrer Errichtung im 11. Jahrhundert stets die Amtsburg des Klosters Fulda. Anschließend geht es auf **dem gleichen Weg zurück** bis zum
37,1	Hammelburger Marktplatz, wo man der Beschilderung **nach Diebach** folgt und
38	zum Bahnhof gelangt. Von dort gelangt man mit dem Zug nach Gemünden, wo man Anschluss in Richtung Frankfurt, Würzburg und Fulda hat. Oder man fährt mit dem Zug Saaletal aufwärts über Bad Kissingen zurück nach Ebenhausen.

Aura

Hammelburger Schlossberg

Schloss Saaleck

Fladungen
Hausen Heufurt
Stetten
Nordheim
Sondheim Ostheim
Oberelsbach Ursprringen Stockheim
Weisbach Sondernau Mellrichstadt (Bhf)
Bischofsheim Unterweißenbrunn Oberstreu Behrungen
Wegfurt Hendungen Rothausen
Schönau Rappershausen Irmelshäuser See
Hollstadt Irmelshausen
Heustreu Wülfershausen Herbstadt
Bad Neustadt (Bhf) Saal Bad Königshofen Eyershausen
Ipthausen Alsleben
Untereßfeld Quellen der Fränk. Saale Sternberg
Aub Sulzdorf a.d.L.

Indian Summer in der Rhön

10-2010 Jochen Henke 97447 Stetten

Indian Summer in der Rhön

So etwas sieht man nicht alle Tage: Eine große Burganlage mit fünf Türmen, vollständig erhaltener Mauer und mittendrin – eine Kirche. An die Umfassungsmauern geschmiegt Vorratshäuser, sogenannte Gaden. Bis zu drei Stockwerke tief sollen sie sein.

Deutschlands größte noch erhaltene Kirchenburg in Ostheim vor der Rhön hat auch uns in ihren Bann gezogen. Doch Kirchenburgen sind in diesem alten Grenzland keine Seltenheit, wenn auch nicht immer in dieser Größe. Wir sind mit dem Fahrrad unterwegs in einer der weniger bekannten Fahrradregionen Deutschlands. Doch ist dieses Gebiet zwischen dem Osthang der Hohen Rhön, dem Thüringer Wald und den Haßbergen ein überaus reizvolles zum Radfahren überhaupt. Dies liegt auch daran, dass es hier eine Menge bequem zu befahrender Radwanderwege gibt (insgesamt mehr als 600 km), darunter mit der Radroute „Vom Main zu Rhön" auch eine 4-Sterne ADFC-Qualitätsradroute. Und dass es früher von der deutsch-deutschen Grenze durchschnitten wurde und die Orte beiderseits der Grenze dadurch in ihrer wirtschaftlichen Entwicklung zurück blieben, erweist sich heute als Segen, denn einen Bauboom hat es hier nie gegeben und so viel ursprüngliches Fachwerk wird man kaum in anderen Regionen finden.

Bildstock bei Wollbach

An der Bahra bei Sondheim v.d. Rhön

Diese Landschaft nannte sich im Mittelalter nach dem alten Geschlecht der Henneberger „das Henneberger Land". Ein Adelsgeschlecht, über dessen Herkunft viel gerätselt wurde und das allerdings schon seit Ende des 16. Jahrhunderts ausgestorben ist.

Indian Summer – der Begriff klingt vielleicht ein wenig abgegriffen, trifft aber im Herbst hier durchaus zu. Die Rhöner sagen ganz einfach „Hoarbst". In der Rhön, einst auch Buchonia genannt, sind die Laubbäume vorherrschend: Allen voran Buche, Eiche, Bergahorn und Ulme und viele, viele Hecken. Nicht zu vergessen auch die alten Obstbäume auf den Streuobstwiesen im Umkreis der Ortschaften. Im Herbst leuchtet die Landschaft deswegen in allen Farben und während unserer Fahrradtour färbte es sich zudem noch von Gelbtönen bis zu tiefem Rot. Ein regelrechter Augenschmaus!

Nach einer guten Stunde Fahrt ab Würzburg laden wir unsere Fahrräder in Bad Neustadt aus dem Zug. Schon am Bahnhofsvorplatz weist der weiß-grüne Fahrradwegweiser das Ziel: Bad Königshofen. Über Herschfeld geht es nach Heustreu, wo wir auf die alte Bahntrasse von Bad Neustadt nach Bad Königshofen treffen. Sie wurde zum Radweg, auf dem es sich gut pedalieren lässt. Es geht nun durch das Tal der oberen Fränkischen Saale. Aufgelassene Weinberge und abwechslungsreiche Auenlandschaften begleiten uns auf unserem Weg. Wir besuchen die Wallfahrtskirche Maria Findelberg und überqueren die Fränkische Saale auf der uralten Brücke bei Saal.

Die heutige Wallfahrtskirche entstand 1781/86 im Empirestil nach Plänen des Maurermeisters Hans Michael Schauer von Wermerichshausen; der Turm stammt aus dem Jahre 1499. Im Deckengemälde der Himmellahrt Mariens (1795) soll der Künstler Johann Peter Herrlein in der Gestalt des Doppelbärtigen in der Jüngergruppe sich selbst dargestellt haben. (Er starb 1799 zu Saal und fand im Findelbergfriedhof sein Grab).

Der Hochaltar birgt die ursprünglich spätgotische Gnadenfigur in einer Nachbildung (um 1900). Auch die Holzgruppe der Pieta (um 1500) an der südlichen Seitenwand wird als Gnadenbild verehrt. Die Kirche wurde 1965 stilvoll restauriert. - Die Armenseelen-Kapelle westlich der Kirche beherbergt eine spätgotische Vespergruppe (um 1480) und eine große Anzahl volkskundlich interessanter wächserner Votivgaben. Diese - ursprünglich als Wachsspenden aus Anlass von Kindererkrankungen gelobt - wurden von den Wachsziehern in ungefähre Kindergestalt gebracht und mit farbfrohen barocken Ornamenten ausgestattet.

Fernab aller Straßen, direkt neben der Saale, geht es dann wieder auf der ehemaligen Bahntrasse Bad Königshofen entgegen. Der markierte Fahrradweg zeigt uns in Bad Königshofen noch einen Teil des Kurparks, bevor wir die heutige Tour am Kurzentrum mit den Frankenthermen enden lassen. Wellness im Heilwassersee steht nun auf dem Programm und anschließend ein kleiner Rundgang durch den alten Ort, der nicht verbergen kann dass er lange Zeit eine Garnisonsstadt war.

Bad Königshofen war einst der Vorposten des Fürstbistums Würzburg gegen seinen Konkurrenten Bamberg. Durch den Ort führte die Heerstraße vom Main zum Thüringer Wald und weiter in das Thüringer Becken nördlich des Gebirges. Nicht weit von Bad Königshofen verlief eine der wichtigsten Handelsstraßen im Mittelalter und der Neuzeit, die von Nürnberg zu den Hansestädten im Norden des Deutschen Reiches. Also viele Gründe für Würzburg, die Stadt zu einer Festung auszubauen.

Zum Kurort wurde Bad Königshofen aber erst in den 70ern des 20. Jahrhunderts, als man bei Bohrungen auf die Heilquellen stieß. Zielstrebig wurde das Kurzentrum ausgebaut und verfügt heute neben dem Kurbad auch über einen Heilwassersee im Freien.

Am nächsten Tag wollen wir einen Abstecher zur „Fränkischen Leuchte," der Heldburg machen (ca. 50 km hin und zurück). Mit dem Ziel „Saalequelle" führt uns die Route auf Landwirtschaftswegen und wenig befahrenen Straßen über Alsleben zur Quelle. Kurz danach überrascht uns vor der ehemaligen Grenze ein großes Kreuz aus Streckmetall, das aus dem Material des ehemaligen DDR-Grenzzaunes von einem einheimischen Künstler gestaltet wurde.

Sieht aus wie ein Märchenschloss: Die Fränkische Leuchte (Heldburg)

Auf der Straße geht es nun über Gompertshausen und Gellertshausen zum alten Ackerbürgerstädtchen Heldburg, das von der gleichnamigen Burg überragt wird. Als wichtiger Vorposten im Grenzland zwischen den Bistümern Bamberg und Würzburg war es die Aufgabe der Heldburg, in Krisensituationen die fränkischen Nachbarburgen durch Feuerzeichen zu warnen. Daher auch der Beiname „Fränkische Leuchte". Wir fuhren gleich zur rund hundert Meter höher gelegenen Burg hinauf und besichtigten das Städtchen erst danach.

Obgleich der Ort Heldburg schon seit dem 14. Jahrhundert zum Herrschaftsbereich der Wettiner (Sachsen-Weimar) gehörte, ist seine kulturelle Zugehörigkeit zu Franken unverkennbar. Die Muster der Fachwerkbauten sind im gleichen Stil wie in vielen Orten im Bamberger Land ausgeführt.

Nach der Rückfahrt nach Bad Königshofen bleibt uns noch ein wenig Zeit, das Vorgeschichtsmuseum in der Schranne zu besichtigten, in dem die Grabungsfunde aus vielen vor- und frühzeitlichen Epochen der Umgebung ausgestellt sind. Dem Museum ist einer Ausstellung über die Deutsch-deutsche Grenze angegliedert.

Wasserschloss Irmelshausen

Der nächste Tag sieht uns wieder auf dem Radwanderweg. Nun fahren wir durch das Grabfeld. Der Name hat jedoch nichts mit Gräbern zu tun: Er stammt aus dem keltischen und bedeutet wahrscheinlich „Buchenland". Es ist sicher der beschaulichste und ruhigste Teil des alten Henneberger Landes. Schon bei unserer Fahrt nach Heldburg waren uns zwei dominierende einzeln stehende Berge aufgefallen, an die wir heute recht nah heranfahren. Es sind die „Gleichberge." Auf dem kleineren der beiden befand sich zu keltischen Zeiten das Oppidum Steinsburg, eine der größten keltischen Städte und zugleich wichtiges kulturelles Zentrum. Deswegen ist diese Gegend auch Kulturland in doppelter Hinsicht: Ackerbaukultur und uraltes Siedlungsland.

Vor dem Panorama der Gleichberge liegt der Irmelshäuser Badesee, der zur Rast und zum Baden einlädt. Im Ort Irmelshausen kann das gleichnamige heute noch bewohnte Wasserschloss von außen besichtigt werden. Hinter Rappershausen geht es über die ehemalige deutsch-deutsche Grenze nach Behrungen und wieder zurück nach Hendungen in Bayern.

Grenzübergang Bayern –Thüringen in den 1950er Jahren

Wir erreichen Mellrichstadt (Übernachtung, Einkehr), das seine Ursprünge in keltischer und germanischer Zeit hat und bereits 742 in einer fränkischen Schenkung an das Bistum Würzburg erwähnt wurde.

Der Investiturstreit war Anlass für die Schlacht bei Strowa zwischen Heinrich IV. (Gang nach Canossa) und seinem Gegenkönig Rudolf von Schwaben. Sie fand im Jahre 1078 auf dem Grafenberg zwischen Mellrichstadt und Oberstreu statt. Im 13. bis 15. Jahrhundert erweiterte sich die Ursiedlung um den ehemaligen Königshof durch Einbeziehung des Brügels (Fronhof) im Süden und des Schlosses im Norden zu dem heutigen Altstadtkern, der in Form einer Ellipse gut erkennbar ist. Diese Form ist auch der Verlauf der Stadtmauer, die im 13. Jahrhundert erbaut und mit zwei Toren und zwei Durchgängen ausgestattet wurde. 1232/1233 erfolgte die Erhebung zur Stadt. Das älteste Stadtsiegel von 1273 zeigt die Stadt bereits mit Mauern, Türmen und Toren.

Die Hauptstraße erweitert sich in der Mitte der Stadt zum Marktplatz, um den sich heute das alte Rathaus, Bürgerhäuser, Ladengeschäfte und Gaststätten gruppieren. Bei einem Rundgang um die noch sehr gut erhaltene Stadtmauer mit ihren idyllischen Wasserpartien am Malbach und an der Streu, oder beim Bummeln durch die alten Gassen mit ihren schönen Fachwerkhäusern, entdeckt man manch malerischen Winkel. Besonders eindrucksvoll ist der Anblick dort, wo das Alte Schloss hoch über der Streu aufragt.

Von den Befestigungstürmen, die wie die Stadtmauer im 13. Jahrhundert errichtet wurden, stehen nur noch an der Nordostecke der Stadt der mit einer barocken Kuppelhaube wieder hergestellte Bürgerturm und am nördlichen Stadteingang der Pulverturm. Aus dieser Zeit stammen auch zwei Pforten, die Bad- und die Malpforte. Zwei alte Warttürme, der Suhles- und der Galgenturm, halten auf nördlicher und westlicher Höhe seit Jahrhunderten Wacht. Sie sind Reste einer Reihe von Türmen, die in mittelaltererlicher Zeit ein regionales Wach- und Warnsystem darstellten.

Wir fahren nun entlang des Flüsschens Streu dem alten Amtsstädtchen Ostheim (Übernachtung, Einkehr) entgegen. Schon von weitem sehen wir das Panorama der Kirchenburg und über der Stadt den Turm der Ruine Lichtenburg, von dem das Sprichwort sagt: „Wer den großen Turm der Lichtenburg besitzt, ist Vogt und oberster Herr." Nun, wir brauchen jetzt keinen Vogt, eher eine Quartiermeisterin, die wir im Tourismusbüro finden.

Ostheim hat eine wechselvolle Geschichte: In einer Urkunde vom 6. Mai 804 wird das „Dorf Ostheim" zum ersten Male genannt: Ein Edelmann und dessen Frau, Waldmann und Wihmunt, aus der grundherrlichen Schicht der karolingischen Königsprovinz schenken ihre Güter dem Kloster Fulda, das somit hier zu umfangreichem Besitz gelangt. Ostheim gehörte mit Willmars, Herpf und einzelnen Leuten in Urspringen und Sondheim zur reichslehnbaren Herrschaft Lichtenberg. Diese kam zu Ende des 12. Jahrhunderts an die Herren von Hildenburg, die ihren Sitz auf der heutigen Ruine Hillenberg bei Hausen hatten. Durch verschiedene Umstände gelangte Lichtenberg 1366 an die Landgrafen von Thüringen. Unter deren Herrschaft bzw. Der ihrer Nachfolger, der Landesherrschaft der Herzöge von Sachsen, ist das Amt Lichtenberg und damit Ostheim Jahrhunderte hindurch bis 1918 geblieben. 1920 entstand das

Land Thüringen, in dem die Exklave Ostheim (zusammen mit Melpers, Fran-
kenheim und Birx) einen Amtsgerichtsbezirk bildete. 1945 wurde die Exklave,
die rings vom bayerischen Gebiet umgeben war, zur amerikanisch besetzten
Zone geschlagen und unter bayerische Verwaltung (Landkreis Mellrichstadt)
gestellt. Durch den Grundlagenvertrag zwischen der Bundesrepublik Deutsch-
land und der Deutschen Demokratischen Republik wurde die Eingliederung
in den Freistaat Bayern (Landkreis Rhön-Grabfeld) 1973 abgeschlossen.

Wie fast alle Orte im Streutal hat Ostheim einen reichen Schatz an alten Fachwerkhäusern und Stadtschlössern. Der heutige Luftkurort besitzt im Hanstein-
schen Schloss ein einmaliges Orgelbaumuseum und die sehenswerte Kirchenburg St. Michael.

Von Ostheim aus brechen wir am nächsten Tag zu einem Abstecher zur
Stammburg der Henneberger auf (ca. 40 km). Auf dem Streutalradweg geht
es zurück nach Stockheim. Am dortigen Flusswassertretbecken folgen wir der
Ausschilderung **Meiningen** und fahren über Eussenhausen nach Hermanns-
feld, vorbei am Schloss Fasanerie (Einkehr) und auf der Straße weiter nach
Henneberg. Unser Ziel, die Henneburg, verbirgt sich fast völlig im Wald. Sie
war eine der bedeutendsten und größten Anlagen in der Region. Auf dem
steilen Zufahrtsweg schieben wir unsere Räder zur Burg hinauf.

Ein reicher Römer namens Poppo soll im 5. Jahrhundert auf der Suche nach
einem geeigneten Platz für eine Burg eine Henne mit ihren Jungen aufge-
schreckt haben und diesen deswegen für den geeigneten Platz befunden
haben. Die Wahrheit ist, wie in vielen anderen Fällen auch, dass der strate-
gisch günstige Platz am Übergang zwischen dem Rhönvorland und dem des
Thüringer Waldes der schon in früheren Perioden besiedelt war.

Von Henneberg fahren wir auf der Straße weiter nach Bauerbach, wo Schiller
einst ein halbes Jahr wohnte. Auf der Flucht vor seinem despotischen würt-
tembergischen Landesherren war er von Henriette von Wolzogen aufgenom-
men worden. Auf ihrem Gut in Bauerbach schrieb er sein Drama „Luise Mille-
rin", das er später „Kabale und Liebe" nannte.

Zurück in Ostheim geht die Fahrt am nächsten Tag durch das obere Streutal
nach Fladungen (Übernachtung, Einkehr). Bis nach Heufurt fahren wir nun fast
immer neben den Gleisen der Museumsbahn. Hier wurde ausnahmsweise die
alte Bahntrasse nicht zum Fahrradweg: Hier pendelt an Wochenenden und
Feiertagen das Rhönzügle mehrfach am Tag zwischen Fladungen und Mellrichstadt und nimmt sogar Fahrräder kostenlos mit (Kombikarte mit dem Eintritt

ins Fränkische Freilandmuseum). Museumskultur wird in der oberen Rhön ganz groß geschrieben, denn in Fladungen befinden sich gleich zwei Museen: Das Fränkische Freilandmuseum und das Rhönmuseum. Aber auch der alte Ort selbst hat einiges an Sehenswürdigkeiten aufzubieten: Das alte Amtshaus, einen fast vollständig erhaltenen Mauergürtel, seine Türme, die katholische Stadtpfarrkirche und natürlich viel schönes Fachwerk in der Altstadt.

Bis nach Rüdenschwinden meint man, es gehe nur hinauf zur Hohen Rhön, doch dann entschließt sich die Route vorher, nun entlang des Osthanges der Rhön zu verlaufen. Es geht jetzt durch Dörfer, die nichts von ihrer Urtümlichkeit verloren haben. Viel Fachwerk innerorts und Streuobstwiesen rund herum. Auf ihnen wachsen alte Obstsorten, hauptsächlich Apfelsorten, von denen einige schon als ausgestorben galten. Kein Wunder, dass es heute fast eine Renaissance gibt, die neben der traditionellen Verwertung auch Apfelsekt und Rhöncidre hervorbringt. Und es gibt sogar Apfelsherry! Wir erfreuen uns am Fallobst und entdecken die Geschmacksvielfalt der alten Rhöner Apfelsorten. Es geht durch Hausen, Stetten, Sondheim und Urspringen nach Oberelsbach (Übernachtung, Einkehr), dem Sitz der bayerischen Verwaltung des Biosphärenreservates Rhön und dem Informationszentrum Haus der Langen Rhön. Hier machen wir eine Pause und informieren uns über das Biosphärenreservat Rhön.

Die Landschaft hat sich verändert: Wir fahren nun über eine kleine Hochfläche und wir haben dabei stets den „Heiligen Berg der Franken", den 926 m hohen Kreuzberg mit unserem nächsten Ziel Bischofsheim vor Augen (Übernachtung, Einkehr).

Dieser Ort ist so etwas wie das sportliche Zentrum der Rhön: Tradition hat hier u. a. das Skispringen. Auch hat sich Bischofsheim dem Mountainbiking verschrieben und bietet als Rhöner Mountainbikezentrum viele Touren an. Wir konnten dem nicht widerstehen, tauschten kurzerhand einen Tag unsere Packesel gegen Leihmountainbikes und testeten unsere Kondition auf der von der Tourist-Info angebotenen Schnuppertour. Sie brachte uns auch auf den Kreuzberg, wo wir der Verlockung des schwarzen Klosterbieres kaum widerstehen konnten.

Unser letzter Tag ist angebrochen. Wir fahren nun durch das Brendtal Bad Neustadt entgegen. Die Strecke ist recht kurz – wenig mehr als 20 km - und so entscheiden wir uns für die Variante auf dem „alten" Brendtalradweg, der in stetem auf und ab fast immer neben der Brend verläuft. Um ihn vom Fuß- und Radweg auf der ehemaligen Bahntrasse zu unterscheiden, hat man ihn als Mountainbikeroute markiert.

Alles auf einen Blick

Ausgangspunkt	Bad Neustadt/Saale
Streckenlänge	Ca. 140 km (ohne Abstecher)
Kategorie	Leichte Radwandertour mit nur geringen Steigungen
Wege	Verlauf überwiegend auf asphaltierten oder wassergebundenen Wirtschaftswegen, kaum Straßen
Karten	Fritsch Radwanderkarte Naturpark Rhön; ADFC Regionalkarte Rhön
Einkehr unterwegs	Sehr unterschiedlich: Im östlichen Teil der Tour gibt es mit Ausnahme von Bad Königshofen nur noch wenige Gaststätten in den Orten, die tagsüber geöffnet haben. Im Rhönvorland gibt es fast in jedem Ort Gaststätten.
Übernachtung	Auflistung von Beherbergungsbetrieben auf der Startseite von www.rhoen-active.de und unter www.bettundbike.de
Interessantes am Weg	Bad Neustadt: historische Altstadt, Salzburg, Kuranlagen Bad Königshofen: Wellnessbad „Frankenthermen", Vor- und Frühzeitmuseum „Schranne", hist. Rathaus Bischofsheim: Altstadt, Kloster Kreuzberg Bauerbach: Schillermuseum, Theater auf der Naturbühne Fladungen: hist. Altstadt, Fränkisches Freilandmuseum, Rhönmuseum, Hochrhönstraße, Schwarzes Moor Heldburg: hist. Altstadt, Burg Henneberg: Ruine Henneburg Irmelshausen: Badesee, Wasserschloss Mellrichstadt: hist. Altstadt, Heimatmuseum, Kreisgalerie Nordheim: hist. Altstadt Oberelsbach: Informationszentrum „Haus der Langen Rhön", Tabakpfeifenmuseum, Valentin-Rathgeber-Museum Ostheim: hist. Altstadt, Kirchenburg, Orgelbau- und Naturkundemuseum, Ruine Lichtenburg Saal: Wallfahrtskapelle Findelberg
An- und Abreise	Bhf. Bad Neustadt oder Mellrichstadt an der Bahnlinie Schweinfurt – Erfurt
Tourist-Info	97616 Bad Neustadt, Spörleinstraße 11, Tel. 09771-94670, tourist@rhoen-grabfeld.de

Km	Roadbook
0	**Bad Neustadt,** Bahnhofsvorplatz: Los geht es mit dem Ziel **Bad Königshofen**
1	**Herschfeld**
4,1	Verzweigung **Heustreu;** hier zweigt der Radfernweg Main-Werra nach Meiningen ab; am Wegweiser weiter mit dem Ziel **Bad Königshofen**
6,3	**Hollstadt;** am Wegweiser weiter mit dem Ziel **Bad Königshofen** Wenige hundert Meter nach der Gaststätte Hollstädter Hof befindet sich rechts am Weg eine frei zugängliche Heilwasserquelle. Die Inhaltsstoffe sind einer Tabelle zu entnehmen.
13	**Wülfershausen;** an den Wegweiser weiter mit dem Ziel **Bad Königshofen**
14,8	**Wallfahrtskirche Findelberg;**
16	**Saal;** an den Wegweisern weiter mit dem Ziel **Bad Königshofen**
19,2	**Kleineibstadt;** am Wegweiser weiter mit dem Ziel **Bad Königshofen**
22,4	**Großeibstadt;** weiter auf dem Radweg nach **Bad Königshofen**
26	**Bad Königshofen** Infopunkt; am Wegweiser weiter mit dem Ziel **Innenstadt**
27,3	**Bad Königshofen** Kurzentrum; am Wegweiser weiter mit dem Ziel **Saalequelle**
27,7	Wallfahrtskirche **Ipthausen;** am Wegweiser weiter mit dem Ziel **Saalequelle**
31,8	**Eyershausen;** sehenswerte Kirche mit Ausmalungen von Johann Peter Herrlein; an den Wegweisern weiter mit dem Ziel **Mellrichstadt**
36,5	**Herbstadt;** am Wegweiser weiter mit dem Ziel **Rothausen**
40,5	**Irmelshausen;** den Wegweisern weiter mit dem Ziel **Rothausen**
44,3	**Badesee Irmelshausen;** Rast und Einkehr
47,7	**Rothausen;** weiter auf der Route
52	**Rappershausen;** am Wegweiser weiter mit dem Ziel **Mellrichstadt**
	Zwischen Rappershausen und Behrungen quert die Route die ehemalige deutsch-deutsche Grenze. Hier hat man den Grenzübergang wieder so hergestellt, wie er in den frühen 50ern aussah.

54,6	**Behrungen;** Unweit von Behrungen gibt es ein sehenswertes Grenzmuseum (Wegweiser dorthin im Ort); weiter auf der Route
60	**Hendungen;** an den Wegweisern weiter mit dem Ziel **Mellrichstadt**
65,4	**Oberstreu;** an den Wegweisern weiter mit dem Ziel **Mellrichstadt**
69	**Mellrichstadt;** am Radler-Infopunkt geradeaus auf der Straße in die sehenswerte Altstadt oder weiter mit Ziel **Fladungen**
72,8	**Stockheim;** am Radler-Infopunkt (Wassertretbecken) weiter mit Ziel **Fladungen**
76,9	**Ostheim;** am Radler-Infopunkt (Wassertretbecken) weiter mit Ziel **Fladungen**
81,6	**Nordheim;** weiter mit Ziel **Fladungen**
85,6	**Heufurt;** weiter mit Ziel **Fladungen**
88,4	**Fladungen;** die Route führt direkt vorbei am Museumsbahnhof und am Eingang zum Fränkischen Freilandmuseum; das Rhönmuseum befindet sich im Alten Amtshaus in der sehenswerten Altstadt; am Radler-Infopunkt weiter mit Ziel **Bischofsheim**
90	**Rüdenschwinden;** am Wegweiser weiter mit Ziel **Bischofsheim**
93	**Hausen;** Modelldorf des Biosphärenreservates, umgeben von Streuobstwiesen mit vielen alten Obstsorten; Infos dazu direkt an der Fahrradroute; am Wegweiser weiter mit Ziel **Bischofsheim**
96,1	**Stetten;** schöne Fachwerkhäuser; am Wegweiser weiter mit Ziel **Bischofsheim**
98	Rastplatz
99,7	**Sondheim;** schöne Fachwerkhäuser; Wassertretbecken in der Nähe des Infopunktes; am Wegweiser weiter mit Ziel **Bischofsheim**
101	**Urspringen;** schöne Fachwerkhäuser, Bahraquelle unterhalb der Kirche; an den Wegweisern weiter mit Ziel **Bischofsheim**
102	Abzweig; hier geht es links zu einem restaurierten Hügelgräberfeld
104	**Oberelsbach;** Infozentrum Haus der Langen Rhön; Valentin-Rathgeber Museum und Tabakpfeifenmuseum; am Radler-Infopunkt weiter mit Ziel **Bischofsheim**
107	**Sondernau;** weiter auf der Route
109	**Weisbach;** am Wegweiser weiter mit Ziel **Bischofsheim**

114	**Unterweißenbrunn;** am Wegweiser weiter mit Ziel **Bischofsheim**
116	**Bischofsheim** Radler-Infopunkt; sehenswerte Altstadt, Marktplatz, Rast und Einkehr
	Bischofsheim: am Radler-Infopunkt weiter mit Ziel **Bad Neustadt**
118	**Unterweißenbrunn;** am Wegweiser weiter mit Ziel **Bad Neustadt**
122	**Wegfurt;** weiter auf der Route
124	**Schönau;** hier wurde das Turmgerät „Rhönrad" erfunden (Denkmal vor der Kirche); am Wegweiser weiter mit Ziel **Bad Neustadt**
134	Bad Neustadt-**Brendlorenzen;** am Wegweiser weiter mit Ziel **Radler-Infopunkt** oder geradeaus direkt zum Bahnhof
135	**Bad Neustadt** Radler-Infopunkt; Abstecher zur **Innenstadt** mit dem historischen Marktplatz (0,5 km) oder weiter zum Bahnhof
136	Bad Neustadt **Bahnhof: Ende der Tour**

Radfernwege in der Rhön

Vier-Sterne Qualitätsroute „Vom Main zur Rhön" (263 km)

Sie beginnt in Gemünden am Mainradweg und führt wie der Radwanderweg Fränkische Saale bis Bad Königshofen. Dort geht es durch das Grabfeld nach Mellrichstadt und von dort wie der Rfw. Rhön-Sinntal zurück nach Gemünden wo die Route am Mainradweg wieder endet.

Radwanderweg Fränkische Saale (118 km)

Er beginnt bei der Quelle in Alsleben östlich Bad Königshofen und endet am Mainradweg in Gemünden. Zwischen der Quelle und Bad Neustadt ist er durchgehend asphaltiert. Zwischen Bad Königshofen und Bad Neustadt verläuft er zu großen Teilen auf einer ehemaligen Bahntrasse.

Radfernweg Main-Werra (160 km)

Er führt von Würzburg nach Meiningen und endet am Werratal-Radweg. Zwischen Münnerstadt, Bad Neustadt und Mellrichstadt verläuft er durch die Rhön.

Radfernweg Rhön-Sinntal (92 km)

Er beginnt in Mellrichstadt am Radler-Infopunkt Streuwiese und führt durch das obere Streutal und durch die alten Bauerndörfer am Osthang der Rhön nach Bischofsheim. Von dort geht es ins Sinntal nach Bad Brückenau und weiter nach Gemünden, wo die Route am Mainradweg endet.

Radfernweg Meiningen – Haßfurt (72,5 km)

Beginnt in Meiningen am Werratalradweg und verläuft über Mellrichstadt bis Oberstreu wie der Rfw Main-Werra. Von dort führt er über Bad Königshofen und durch die Haßberge zum Mainradweg bei Haßfurt.

Rhönradweg (180 km)

Beginnt in Bad Salzungen an der Werra und führt Werratal und Ulstertal aufwärts zur Hochrhön, die er zwischen Wüstensachsen und Oberelsbach überquert. Entlang der Ostflanke der Hohen Rhön geht es über Bad Neustadt, Bad Bocklet und Bad Kissingen nach Hammelburg.

Hessischer Radfernweg R 1

Der vom Weserradweg bei Hannoversch-Münden abzweigende hessische Radfernweg R 1 „Fuldatal-Radweg" führt auf dem Abschnitt zwischen Bad Hersfeld und Bad Neustadt durch die Rhön. Bei Gersfeld überquert er mit einer Höhe von ca. 700 m die Hochrhön und führt weiter über Bischofsheim nach Bad Neustadt/Saale.

Hessischer Radfernweg R 2

Zweigt zwischen Zeitlofs und Altengronau im Sinntal vom Radfernweg Rhön-Sinntal ab und führt durch das Tal der kleinen (schmalen) Sinn und das des Döllbachs nach Ebersburg. Von dort verläuft er wie der R 1 nach Fulda.

Hessischer Radfernweg R 3

Beginnt bei Rüdesheim am Rhein und tangiert die Rhön ab Schlüchtern. Von Fulda aus führt er über Hofbieber nach Tann in die Rhön. Über den Ulstertalradweg ist er mit der Werra verbunden.

Werra-Radweg

flankiert die Rhön nördlich zwischen Hildburghausen und der Mündung der Ulster in die Werra bei Philippsthal.

Die Rhön kulinarisch

In den zwanzig Jahren, seitdem die Rhön als Biosphärenreservat anerkannt worden ist, hat sich die Rhön auch kulinarisch verändert. Ausgelöst durch die Rückbesinnung auf das Klima und die Lebensbedingungen in der Rhön angepasste Tiere wie dem Rhönschaf, ging man auch neue Wege bei der Vermarktung. Das Prädikat Biosphärenreservat bot die Chance, hier nachhaltig zu arbeiten und Projekte anzugehen, die durch EU-Fördermittel auch unterstützt und angeschoben werden konnten. So wurden Vertriebswege geschaffen, die auf kurzen Wegen die Produkte aus der Landwirtschaft an die Vermarkter und Verbraucher bringen. Allen voran das Fleisch des Rhönschafes, das vor 25 Jahren vor dem Aussterben gerettet wurde und dessen Bestände sich von damals 300 auf heute wieder rund 4000 Stück erhöht haben. Das Fleisch der an die Rhön angepassten Schwarzköpfe wird von Rhönschäfer Kolb direkt an die Endverbraucher – Gastronomen und Privathaushalte – verkauft.

Streuobstwiesen rund um die Rhöner Bauernorte mit überwiegend Apfel-, Birnen- und Zwetschgenbäumen sind ein integraler Bestandteil der Landschaft und wichtig für die Vielfalt der Tierpopulation, insbesondere der Vögel. Um sie zu erhalten wurde die Rhöner Apfelinitiative gegründet, die sich zu einem Instrument für die Vermarktung des Obstes aus den Streuobstwiesen entwickelt hat. Denn in der Rhön pflegen mehr als 2800 Landwirte die Obstwiesen und pflanzen pro Jahr rund 1000 neue Bäume. Die Initiative nimmt den Bauern das Obst zu einem fairen Preis ab und lässt es in der Kelterei Elm verarbeiten.

Auch Gastronom Jürgen Krenzer engagiert sich in dem Verein. In seinem Rhönschafhotel in Seiferts steht neben dem Rhönschaf auch der Apfel im Vordergrund. Bei ihm gibt es sortenrein ausgebauten Apfelwein und sogar einen Apfelsherry.

Während eines Symposiums in der Modellgemeinde Hausen in der Fränkischen Rhön zur Bestimmung von Apfelsorten wurden zahlreiche Apfelsorten entdeckt, die schon lange als ausgestorben galten. Ihre Reiser hat man zur Vermehrung genutzt und an zwei Stellen neue Streuobstwiesen mit ihnen angelegt (der Radfernweg Rhön-Sinntal führt mitten hindurch).

Traditionell gehört auf den Speisetisch in der Rhön auch die Forelle. Es gibt in fast jedem Ort Forellenteiche, doch nur beim Forellenhof Keidel in Wüstensachsen gibt es die Rhöner Bachforelle, deren Bestand durch Rückzüchtung so vermehrt wurde, dass sie heute zum Standardangebot in der guten Rhöner Gastronomie gehört. Sie wächst langsamer, lebt deswegen ein Jahr länger und hat erst nach drei

Jahren ein Schlachtgewicht von 400 Gramm. Sie hat einen höheren Muskelanteil und schmeckt etwas kräftiger als die Regenbogenforelle.

Der Rhöner Weideochse wird im Alter von 6 Monaten kastriert und lebt dann 28 Monate auf der Weide. Sein Fleisch wird exklusiv in der Rhön vermarktet, z. B. für die Metzgerei Leist in Hilders, zu der neben einer dörflichen Gaststube auch ein Hotel mit gehobener Gastronomie gehört. Empfehlenswert sind Ochsensalami und Ochsenleberwurst aus der Metzgerei.

Einer der ersten, der es sich auf die Fahne geschrieben hatte überwiegend Rhöner Produkte zu verwenden, ist Claus Vorndran vom Gasthaus Dickas in Bischofsheim. Er bezieht sein Fleisch vom Bauern Schmitt aus Unterweißenbrunn, in dessen Beständen sich überwiegend die aussterbende Rasse des „Fränkischen Gelbviehs" befindet. Diese Tiere sind Weidetiere und stehen als „Familienverband" – Bullen, Muttertier und Kälber – auf den Weiden rund um Bischofsheim. Im eigenen Schlachthaus verarbeitet Schmitt rund 50 Tiere pro Jahr, die alle direkt vermarktet werden.

In Ostheim vor der Rhön stellt die Metzgerei Wienröder den Ostheimer Leberkäs her. Die an eine französische Paté erinnernde Wurst wird aus Schweinefleisch (90%) und Schweineleber (10 %) vermengt und anschließend im Ofen gebacken. Bei den vielen Obstbäumen in der Rhön ist es selbstverständlich, dass in Kleinbrennereien auch Obstschnäpse gebrannt werden. Man kann Claus Vorndran aus Bischofsheim in seiner „Rhöner Schaubrennerei" bei der Arbeit zusehen und vielleicht sogar einmal mithelfen, den vorzüglichen Zwetschgenschnaps oder einen

Birnenbrand, der schon vor vielen Jahren den Autor begeisterte, zu brennen. Auch die Familie Hohmann in Nordheim ist bekannt für ihre guten Brände. Man experimentiert auch schon mal und versucht sich an einem Rhöner Whiskey oder an einem Dinkelbrand aus dem Holzfass.

Rhöner Spezialitäten in Verbindung mit Wellness: Das bietet die innovative Familie Schulze-Dieckhoff in ihrem Hotel Sturm in Mellrichstadt. Das „Spa" des Hotels dürfte in der Rhön einmalig sein. Ein Blockbohlen-Saunadorf und ein Schwimmteich gehören dazu. Dazu passt auch, dass man sich auch Angebote für die sportliche Betätigung hat einfallen lassen: Im Hotel kann man Fahrräder ausleihen (seit 2010 auch E-Bikes). So kann man unbeschwert Radwandertouren durch das Rhöner Vorland und Mountainbiketouren in die Hochrhön unternehmen. Diesem Angebot steht das aus der Küche der „bekennenden" Slowfood-Mitglieder Christa und Matthias Schulze-Dieckhoff in nichts nach. Die verarbeiteten Produkte stammen natürlich überwiegend aus der Rhön, das Wild zum Beispiel ausschließlich von heimischen Jägern.

Ein innovatives Zentrum, von dem viele Initiativen ausgehen, ist das Managementzentrum in Oberelsbach. Hier ist der Sitz der Bayerischen Verwaltung des Biosphärenreservates, deren beamteter Ideengeber Michael Geier im Sinne der nachhaltigen Bewirtschaftung vieles auf den Weg gebracht hat, für das die Rhön heute steht. Im gleichen Haus residiert auch der Verein Naturpark und Biosphärenreservat Bayerische Rhön e.V., der für die Pflege der Wander- und Fahrradwege und die der touristischen Infrastruktur zuständig ist, der sich jedoch auch ausgiebig dem Thema Umweltbildung widmet. Auch der Verein Dachmarke Rhön e.V., zuständig für die Trägerschaft, Betreuung und Vermarktung der Rhöner Regionalmarken, hat seinen Sitz im Managementzentrum. Mit dem Qualitätssiegel Rhön (QSR) der Dachmarke werden nach definierten Kriterien ausgewählte Produkte und Dienstleistungen der Rhön gekennzeichnet. Mit dem Biosiegel Rhön wird regionaler Rohstoffbezug, hervorragende Qualität und ökologische Erzeugung ausgezeichnet. Es kann von allen Betrieben, die ihren Sitz in der Gebietskulisse der Arbeitsgemeinschaft Rhön haben und nach der EG-Ökoverordnung erzeugen und verarbeiten genutzt werden. Den Umfang der Verarbeitung regionaler Produkte innerhalb der einzelnen QSR-Betriebe zeichnet der Verein mit der Vergabe von „Silberdisteln" aus. Je größer ist der Anteil der verarbeitenden regionalen Produkte, je mehr Silberdisteln werden verliehen.

Wenn es auch in der südlichen Rhön Weinberge gibt, so ist die Rhön doch eigentlich eine Bierregion. Alleine vier Brauereien befinden sich in der Fränkischen Oberen Rhön, dazu kommen Brauereien in Motten, Kaltensundheim und Fulda, sowie im angrenzenden Grabfeld. Weiterhin die Museumsbrauerei im Fränkischen Freilandmuseum in Fladungen sowie einige kleine Dorfbrauereien, die meist nur für den privaten Bedarf produzieren. Weniger bekannt für ihr Bier als für ihr erfolgreichstes Produkt, die Bionade, ist die Privatbrauerei Peter in Ostheim. Im Poppenhausener Ortsteil Hohensteg backt Christof Gensler seit vielen Jahren neben Biobroten auch bekömmliche und schmackhafte Bio-Kuchen. Im seinem Bauernladen gibt es zudem Wurstwaren und Käse sowie Getränke aus der Rhön. Last but not Least: Im Rhönlädchen am Bahnhof in Fladungen verkauft Martina Seuffert nur Rhönprodukte. Die Palette reicht vom selbstgebackenen Bauernbrot über Wurst, Käse und Rapsöl bis hin zu kunsthandwerklichen Produkten.

Gut Essen

Hotel Sturm
Ignaz-Reder-Straße 3
97638 Mellrichstadt
Tel. 09776-8180-0
www.hotel-sturm.com

Landgasthof und Hotel
„Zur Guten Quelle"
Unter der Linde 1
98634 Kaltensundheim
Tel. 036946-3850
www.gute-quelle.de

Gasthof Adler
Ludwigstraße 28
97653 Bischofsheim
Tel. 09772/320
www.adler-bischofsheim.de

Hotel-Restaurant Sonnentau
Wurmberg 1–3
97650 Fladungen
Tel. 09778-9122-0
www.sonnentau.com

Lindencafé Ostheim
Gartenstr. 11
97645 Ostheim/Rhön
Tel. 09777-31 51
www.lindencafe-ostheim.de

Gasthof Rhöner Trachtenstuben
Marktstraße 11
97656 Oberelsbach
Tel. 09774-218
www.gasthof-rhoener-trachtenstuben.de

Weinstube Frankenhäusle
Apothekengasse 13
97616 Bad Neustadt
Tel. 09771-6312591
www.frankenhaeusle.de

Restaurant und Hotel
Leist-Sonne-Engel
Marktstraße 12–14
36115 Hilders
Tel. 06681-977-0
www.leist-sonne-engel.de

Rhönschafladen Kolb
Friedhofsweg 4
97656 Oberelsbach-Ginolfs
Tel. 09774-8186
www.rhoenschafladen.de

Metzgerei Wienröder
97645 Ostheim v.d. Rhön
Tel. 09777-554
www.metzgerei-wienröder.de

Forellenhof Lothar Keidel
Forellenhof 1
36115 Wüstensachsen
Tel. 06683-919090
keidel-forellen@t-online.de

Rhöner Bauernladen
Bahnhofstraße 19
97650 Fladungen
Tel. 09778-642

Biohof Gensler
Hohensteg 5
36163 Poppenhausen
Tel. 06658-1595
www.bio-hof-gensler.de

Rother Bräu
Birkenweg 2
97647 Hausen-Roth
Tel. 09779-810-10
www.rotherbraeu-de

Gut Schlafen

Hotel Ebner
Schottstraße 36
97631 Bad Königshofen
Tel. 09761-9119-0
www.hotel-ebner.de

Gasthof Adler
Ludwigstraße 28
97653 Bischofsheim
Tel. 09772-320
www.adler-bischofsheim.de

Hotel-Restaurant Sonnentau
Wurmberg 1–3
97650 Fladungen
Tel. 09778-9122-0
www.sonnentau.com

Gästehaus Jäger,
Auf der Wacht 19
36129 Gersfeld
Tel. 06654-230
www.gaestehaus-jaeger.de

Landgasthof und Hotel
„Zur Guten Quelle"
Unter der Linde 1
98634 Kaltensundheim
Tel. 036946-3850
www.gute-quelle.de

Hotel Sturm
Ignaz-Reder-Straße 3
97638 Mellrichstadt
Tel. 09776-8180-0
www.hotel-sturm.com

Ferienhaus Hippeli
Alex-Hösl-Straße 8
97647 Nordheim/Rhön
Tel. 09779-424
www.ferienhaus-hippeli.de

Pension Hergenhan
Leiten 18
97656 Oberelsbach-Sondernau
Tel. 0 9774-1219
www.pension-hergenhan.de

Gasthof Rhöner Trachtenstuben
Marktstraße 11
97656 Oberelsbach
Tel. 09774-218
www.gasthof-rhoener-trachtenstuben.de

Ferienhaus Bahrablick
Haus-Nr. 20
97647 Sondheim v.d. Rhön
Tel. 09779-237
www.bahrablick.de

Pension Mihm
Schilfweg 13
36142 Tann/Schlitzenhausen
Tel. 06682-1399 und 8297
www.mtb-rhoen.de

Weitere in der Region unter:
www.bettundbike.de

Eigene Notizen

Eigene Notizen

_____

_____

_____

_____

_____

_____

_____

_____

_____

_____

_____

_____

_____

_____

_____

_____

Übersichtskarte:
Radeln in der Rhön